Vies, doctrines et sentences des philosophes illustres

Diogène Laërce

© 2024, Diogène Laërce (domaine public)
Édition : BoD • Books on Demand GmbH, In de Tarpen 42, 22848 Norderstedt (Allemagne)
Impression : Libri Plureos GmbH, Friedensallee 273, 22763 Hamburg (Allemagne)
ISBN : 978-2-3225-5445-4
Dépôt légal : Août 2024

TOME I

Introduction

- Livre I. Les Sept sages
- Livre II. Autour de Socrate
- Livre III. Platon
- Livre IV. L'Académie
- Livre V. Aristote

TOME II

- Livre VI. Les Cyniques
  - Antisthène
  - Diogène
  - Monime
  - Onésicrite
  - Cratès de Thèbes
  - Métroclès
  - Hipparchia
  - Ménippe
  - Ménédème

- Livre VII. Les Stoïciens
  - Zénon de Citium
  - Ariston
  - Hérillos
  - Denys
  - Cléanthe
  - Sphéros
  - Chrysippe

- Livre VIII. Les Pythagoriciens
  - Pythagore
  - Empédocle
  - Épicharme
  - Archytas
  - Alcémon
  - Hippasus
  - Philolaus
  - Eudoxe

- Livre IX. Isolés et sceptiques

- Livre X. Épicure

PRÉFACE.

Il y a des auteurs qui prétendent que la philosophie a pris naissance chez les étrangers : Aristote, dans son *Traité du Magicien*, et Sotion, livre XXIII de la *Succession des Philosophes*, rapportent que les inventeurs de cette science ont été les mages chez les Perses, les Chaldéens chez les Babyloniens ou les Assyriens, les gymnosophistes chez les Indiens, et les druides, ou ceux qu'on appelait semnothées, chez les Celtes et les Gaulois. Ils ajoutent qu'Ochus était de Phénicie, Zamolxis de Thrace, et Atlas de la Libye. D'un autre côté, les Égyptiens avancent que Vulcain, qu'ils font fils de Nilus, traita le premier la philosophie, dont ils appelaient les maîtres du nom de prêtres et de prophètes : ils veulent que, depuis lui jusqu'à Alexandre roi de Macédoine, il se soit écoulé quarante-huit mille huit cent soixante-trois ans, pendant lesquels il y eut trois cent soixante-treize éclipses de soleil et huit cent trente-deux de lune. Pareillement, pour ce qui est des mages, qu'on fait commencer à Zoroastre Persan, Hermodore platonicien, dans son livre *des Disciplines*, compte cinq mille ans depuis eux jusqu'à la ruine de Troie. Au contraire, Xanthus Lydien dit que, depuis Zoroastre jusqu'à la descente de Xerxès en

Grèce, il s'est écoulé six cents ans, et qu'après lui il y a eu plusieurs mages qui se sont succédé, les Ostanes, Astrapsyches, Gobryes et Pazates, jusqu'à ce qu'Alexandre renversa la monarchie des Perses.

Mais ceux qui sont si favorables aux étrangers ignorent les choses excellentes qu'ont faites les Grecs, qui n'ont pas seulement donné naissance à la philosophie, mais desquels le genre humain même tire son origine. Musée fut la gloire d'Athènes, et Linus rendit Thèbes célèbre.

L'un de ces deux fut, dit-on, fils d'Eumolpe ; il fit le premier un poëme sur la génération des dieux et sur la sphère. On lui attribue d'avoir enseigné que toutes choses viennent d'un même principe et y retournent. On dit qu'il mourut à Phalère, et qu'il y fut inhumé avec cette épitaphe :

Ici, à Phalère, repose sous ce tombeau le corps de Musée, fils chéri d'Eumolpe son père.

Au reste, ce fut le père de Musée qui donna le nom aux Eumolpides d'Athènes[1].

Pour ce qui est de Linus, qu'on croit issu de Mercure et de la muse Uranie, il traita en vers de la génération du monde, du cours du soleil et de la lune, de la production des animaux et des fruits : son poëme commence par ces mots :

Il y eut un temps que toutes choses furent produite à la fois.

Anaxagore a suivi cette pensée, en disant que « l'univers fut formé dans un même temps, et que cet assemblage confus s'arrangea par le moyen de l'esprit qui y survint. »

Linus mourut dans l'île d'Eubée, d'un coup de flèche qu'il reçut d'Apollon ; on lui fit cette épitaphe :

> Ici la terre a reçu le corps de Linus Thébain, couronné de fleurs. Il était fils de la muse Uranie.

Concluons donc que les Grecs ont été les auteurs de la philosophie, d'autant plus que son nom même est fort éloigné d'être étranger.

Ceux qui attribuent l'invention aux nations barbares nous objectent encore qu'Orphée, natif de Thrace, fut philosophe de profession, et un des plus anciens qu'on connaisse. Mais je ne sais si l'on doit donner la qualité de philosophe à un homme qui a débité touchant les dieux des choses pareilles à celles qu'il a dites. En effet, quel nom faut-il donner à un homme qui a si peu épargné les dieux, qu'il leur a attribué toutes les passions humaines, jusqu'à ces honteuses prostitutions qui ne se commettent que rarement par certains hommes ? L'opinion commune est que les femmes les femmes le déchirèrent ; mais son épitaphe, qui se trouve à Die en Macédoine, porte qu'il fut frappé de la foudre.

> Ici repose Orphée de Thrace, qui fut écrasé par la foudre. Les Muses l'ensevelirent avec sa lyre dorée.

Ceux qui vont chercher l'origine de la philosophie chez les étrangers rapportent en même temps qu'elle était leur doctrine. Ils disent que les gymnosophistes et les druides s'énonçaient en terme si énigmatiques et sentencieux, recommandant de révérer les dieux, de s'abstenir du mal, et de faire des actions de courage. De là vient que Citarque, dans son douzième livre, attribue au gymnosophistes de mépriser la mort. Les Chaldéens s'adonnaient, dit-on, à l'étude de l'astronomie et aux prédictions. Les mages vaquaient au culte des dieux, aux prières et aux sacrifices, prétendant être les seuls qui fussent exaucés des dieux, au nombre desquels il mettaient le feu, la terre et l'eau. Ils désapprouvaient l'usage des images et des simulacres, et condamnaient surtout l'erreur de ceux qui admettent les deux sexes parmi les dieux. Ils raisonnaient aussi sur la justice, regardaient comme une impiété la coutume de brûler les morts, et pensaient qu'il était permis à un père d'épouser sa fille, et à une mère de se marier avec son fils, ainsi que le rapporte Sotion dans son vingt-troisième livre. Les mages étudiaient encore l'art de deviner et de présager l'avenir, ils se vantaient que les dieux leur apparaissaient, et croyaient même que l'air est rempli d'ombres qui s'élèvent comme des exhalaisons, et se font apercevoir à ceux qui ont la vue assez forte pour les distinguer. Ils condamnaient les ornements et l'usage de porter de l'or, ne se vêtaient que de robes blanches, couchaient sur la dure, vivaient d'herbes, de pain et de fromage ; et au lieu de bâton portaient un roseau, au bout duquel ils mettaient, dit-on, leur fromage pour le porter à la bouche. Aristote dans son *Traité du Magicien*, dit qu'ils n'entendaient point cette espèce de magie qui fait usage de prestige dans la divination ; et Dinon, dans le cinquième livre de ses *Histoires*, est du même sentiment. Celui-ci croit aussi que Zoroastre rendait un culte religieux aux astres, se fondant sur l'étymologie de son nom ; et Hermodore dit la même chose. Aristote, dans le premier livre de sa *Philosophie,* croit les mages plus anciens que les Égyptiens ; il dit qu'ils reconnaissaient deux principes, le bon et le mauvais génie ; qu'ils appelaient l'un Jupiter et Orosmade, l'autre Pluton et Ariman. Hermippe dans son premier livre *des Mages,* et Eudoxe dans sa *Période,* en parlent de même, aussi bien que Théopompe dans le huitième livre de ses *Philippiques.* Celui-ci dit aussi que, selon la doctrine des mages, les hommes ressusciteront, qu'ils deviendront immortels, et que toutes choses se conserveront par leurs prières. Eudème de Rhodes rapporte la même chose, et Hécatée dit qu'ils croient que les dieux ont été engendrés. Cléarque de Solos, dans son livre de l'*Instruction,* est d'opinion que les gymnosophistes sont descendus des mages, et quelques uns pensent que les Juifs tirent aussi d'eux leur origine. Les auteurs de l'*Histoire des Mages* critiquent Hérodote, sur ce qu'il avance que Xerxès lança des dards contre le soleil et enchaîna la mer, deux objets de l'adoration des mages ; ajoutant que pour ce qui est des statues des dieux, ce prince eut raison de les détruire.

Quant à la philosophie des Égyptiens touchant les dieux et la justice, on rapporte qu'ils croient que la matière fut le principe de toutes choses, et que les quatre éléments en furent composés, ainsi que certains animaux ; que le soleil et la lune sont deux divinités, appelant la première Osiris et la seconde Isis, et les représentant mystérieusement sous la forme d'un escarbot, d'un dragon, d'un épervier et d'autres animaux, selon le témoignage de Manéthon dans son

Abrégé des choses naturelles, et d'Hécathée dans le premier livre de la *Philosophie des Égyptiens*. On dit aussi qu'ils faisaient des statues et bâtissaient des temples parcequ'ils ne voyaient point d'apparence de la divinité ; qu'ils croyaient que le monde a eu un commencement ; qu'il est corruptible et de forme orbiculaire ; que les étoiles sont des globes de feu, dont la température produit toutes choses sur la terre ; que la lune s'éclipse lorsqu'elle est ombragée par la terre ; que l'ame continue à subsister, et passe dans un autre corps ; que la pluie est un effet des changements de l'air qui se convertit en eau. Ces opinions, et d'autres semblables sur la nature, leur sont attribuées par Hécatée et Aristagore.

Les Égyptiens établirent aussi sur la justice des lois, dont ils rapportent l'origine à Mercure ; ils décernèrent les honneurs divins aux animaux qui sont utiles à l'homme, et ils s'attribuèrent la gloire d'être les inventeurs de la géométrie, de l'astrologie et de l'arithmétique. Voilà pour ce qui regarde l'origine de la philosophie.

Elle fut nommée de ce nom par Pythagore, qui se qualifia philosophe dans un entretien qu'il eut à Sicyone avec Léonte, prince des Sicyoniens ou Phliasiens. Cela est rapporté par Héraclide de Pont, dans un ouvrage où il parle d'une personne qui avait paru être expirée. Les paroles de Pythagore étaient que « la qualité de sage ne convient à aucun homme, mais à Dieu seul. » C'est qu'autrefois on appelait la philosophie sagesse, et qu'on donnait le nom de sage à celui qui la professait, parcequ'il passait pour être parvenu au plus haut degré de lumière que l'ame puisse recevoir ; au lieu que le nom de philosophe désigne seulement un homme qui embrasse la sagesse. On distingua aussi les sages par le titre de sophistes, titre dont ils ne jouirent pourtant pas seuls, car on le donna aussi aux poëtes. Cratinus, faisant l'éloge d'Homère et d'Hésiode, les appelle *sophistes*[2]. Au reste, ceux à qui l'on a donné le nom de sages furent Thalès, Solon, Périandre, Cléobule, Chilon, Bias et Pittacus. On range aussi avec eux Anacharsis de Scythie, Myson de Chenée, Phérécyde de Scyros, et Épiménide de Crète ; quelques uns y ajoutent encore Pisistrate le tyran.

Il y eut deux écoles principales de philosophie : cette d'Anaximandre qui fut disciple de Thalès, et celle de Pythagore qui fut disciple de Phérécyde. La philosophie d'Anaximandre fut appelée ionienne, eu égard à ce que l'Ionie était la patrie de Thalès, qui était de Milet, et qui instruisit Anaximandre. Celle de Pythagore fut nommée italique, parceque Pythagore son auteur avait passé la plus grande partie de sa vie en Italie. L'ionienne finit à Clitomaque, Chrysippe et Théophraste ; l'italique, à Épicure.

Thalès et Anaximandre eurent pour successeurs en premier lieu, jusqu'à Clitomaque, Anaximène, Anaxagore, Archélaüs, Socrate qui introduisit l'étude de la morale, ses sectateurs, et surtout Platon fondateur de l'ancienne académie, Speusippe, Xénocrate, Polémon, Crantor, Cratès, Arcésilas qui fonda la moyenne académie, Lacydes qui érigea la nouvelle, et Carnéades. En second lieu, jusqu'à Chrysippe, Antisthène, successeur de Socrate, Diogène le Cynique, Cratès de Thèbes, Zénon le Cittique, et Cléanthe.

En troisième lieu, jusqu'à Théophraste, Platon, Aristote et Théophraste lui-même, avec lequel et les deux autres dont nous avons parlé, c'est-à-dire Clitomaque et Chrysippe, s'éteignit la philosophie ionienne.

À Phrécyde et à Pythagore succédèrent Télauge, fils de Pythagore, Xénophane, Parménide, Zénon d'Élée, Leucippe, Démocrite ; après lequel Nausiphane et Naucyde furent fameux entre plusieurs autres ; enfin Épicure, avec lequel la philosophie italique finit.

On distingue les philosophes en dogmatistes et incertains. Les dogmatistes jugent des choses comme étant à la portée de l'esprit de l'homme. Les autres au contraire en parlent avec incertitude, comme si elles surpassaient notre entendement, et ne portent leur jugement sur rien. Parmi ces philosophes, il y en a qui ont laissé des ouvrages à la postérité, et d'autres qui n'ont rien mis au jour, tels que Socrate, Stilpon, Philippe, Menédème, Pyrrhon, Théodore, Carnéade et Bryson, suivant ce que prétendent quelques uns; d'autres ajoutent Pythagore et Ariston de Chio, dont on n'a que quelques lettres. On trouve encore des philosophes qui n'ont fait que des traités particuliers, comme Mélisse, Parménide et Anaxagore. Zénon au contraire a extrêmement écrit; Xénophane, Démocrite, Aristote et Epicure beaucoup; mais Chrysippe encore davantage.

Les philosophes furent désignés par différents noms. Ils les reçurent, les uns des villes où ils demeuraient, comme les éliens, les mégariens, les érétriens, et les cyrénaïque; les autres, des lieux où ils s'assemblaient, comme les académiciens et les stoïciens; ceux-ci de leur manière d'enseigner, comme les péripatéticiens; ceux-là de leurs plaisanteries, comme les cyniques; quelques uns de leur humeur, comme les fortunés; quelques autres de leurs sentiments vains, comme les philatèle ou amateurs de la vérité, les éclectiques et les analogistes. Les disciples de Socrate et les épicuriens empruntèrent les noms de leurs maîtres. On appela encore physiciens ceux qui méditaient sur la nature; moralistes ceux qui se bornaient à former les mœurs; et les dialecticiens, ceux qui enseignaient les règles du raisonnement.

La philosophie à trois parties : la physique, la morale, et la logique. La physique a pour objet le monde et ce qu'il contient ; la morale roule sur la vie et les mœurs. La logique apprend à conduire sa raison dans l'examen des deux autres sciences. La physique seule soutint son crédit jusqu'à Archelaüs. Nous avons dit que la morale fut introduite par Socrate, et Zénon d'Élée forma la dialectique. La morale a produit dix sectes : l'académique, la cyrénaïque, l'éliaque, la mégarique, la cynique, l'érétrique, la dialectique, la péripatéticienne, la stoïcienne et l'épicurienne. Platon fut chef de l'académie, Arcésilas de la moyenne, et Lacydes de la nouvelle. Aristippe de Cyrène forma la secte cyrénaïque; Phédon d'Élée, l'éliaque; Euclide de Mégare, la mégarique;

Antisthène l'athénien, la cynique; Ménédème d'Érétrie, l'érétrique, Clitomaque de Carthage, la dialectique; Aristote la péripatéticienne; Zénon, la cittique, la stoïcienne et Épicure, celle qui est nommée de son nom. Hippobote, dans son livre des *Sectes*, en compte une de moins, et en fait le détail dans l'ordre suivant : la mégarique, l'érétrique, la cyrénaïque, l'épicurienne, l'annicérienne, la théodorienne, la zénonienne ou stoïcienne, l'ancienne académie, la péripatéticienne; passant sous silence dans ce catalogue les sectes cynique, éliaque et dialectique. Quant à la pyrrhonienne la plupart la mettent au rebut, à cause de l'obscurité de ses principes. Il y en a pourtant qui la regardent en partie comme étant une secte, en partie comme n'en étant point une. C'est une secte, disent-ils, en tant que la nature d'une secte est de suivre quelque opinion évidente, ou qui parait l'être; et en ce sens on peut l'appeler convenablement la secte sceptique. Mais si par le mot secte on entend des dogmes suivis, ce n'est plus la même chose, puisqu'elle ne contient point de dogmes.

Voilà les remarques que nous avions à faire sur les commencements, la durée, les partie et les différentes sectes de la philosophie.

Il n'y a pas longtemps que Potamon d'Alexandrie introduisit une nouvelle secte de philosophie éclectique, composée de ce qu'il y avait de meilleur selon lui dans toutes les autres. Il dit dans son *Institution* que pour saisir la vérité deux choses sont requises; dont la première, savoir le principe qui juge, est la plus considérable, et l'autre, le moyen par lequel se fait le jugement, savoir une exacte représentation de l'objet. Il croit que la matière, la cause, l'action et le lieu sont les principes de toutes choses, puisque dans la recherche des choses on a pour but de savoir de quoi, par qui, comment et où elles sont. Il établit aussi pour dernière fin des actions une vie ornée de toutes les vertus, sans excepter pour ce qui regarde le corps les biens extérieurs et ceux de la nature. Passons à présent à l'histoire des philosophes et commençons par Thalès.

1. ↑ C'est le nom d'une suite de prêtres de Cérès ; un Eumolpe ayant inventé les mystères d'Éleusis, ses descendants en furent établis ministres.
2. ↑ Le terme de sophiste, qui ne se prend plus que dans un mauvais sens, signifiait chez les Grecs un homme éloquent et subtil ; ainsi nous le traduirons toujours par logicien ou rhéteur.

Livre VI - Les Cyniques

- Antisthène
- Diogène
- Monime
- Onésicrite
- Cratès de Thèbes
- Métroclès
- Hipparchia
- Ménippe
- Ménédème

LIVRE VI.

ANTISTHENE.

ANTISTHENE, fils d'un homme qui portoit le même nom, étoit d'Athenes. On dit pourtant qu'il n'étoit point né d'une Citoyenne de cette ville ; & comme on lui en faisoit un reproche, *La mere des Dieux*, repliqua-t-il, *est bien de Phrygie*. On croit que la sienne étoit de Thrace ; & ce fut ce qui donna occasion à Socrate de dire, après qu'Antisthene se fut extrêmement distingué à la bataille de Tanagra, qu'il n'auroit pas montré tant de courage s'il eût été né de pere & de mere tous deux Athéniens ; & lui-même, pour se moquer des Athéniens qui faisoient valoir leur naissance, disoit que la qualité de naturels du pays leur étoit commune avec les limaçons & les sauterelles.

Le Rhéteur Gorgias fut le premier maître que prit ce Philosophe ; de là vient que ses Dialogues sentent l'Art Oratoire, surtout celui qui est intitulé *De la vérité*, & ses *Exhortations*.

Hermippe rapporte qu'il avoit eu dessein de faire dans la solemnité des Jeux Isthmiques l'éloge & la censure des Athéniens, des Thébains & des Lacédémoniens ; mais que voyant un grand concours à cette solemnité, il ne le fit pas. Enfin il devint disciple de Socrate, & fit tant de progrès sous lui, qu'il engagea ceux qui venoient prendre ses leçons, à devenir ses condisciples auprès de ce Philosophe. Et comme il demeuroit au Pirée, il faisoit tous les jours un chemin de quarante stades pour venir jusqu'à la ville entendre Socrate. Il apprit de lui la patience, & ayant conçu le désir de s'élever au-dessus de toutes les passions, il fut le premier auteur de la Philosophie Cynique. Il prouvoit l'utilité des travaux par l'exemple du grand Hercule parmi les Grecs, & par celui de Cyrus parmi les étrangers.

Il définissoit le Discours, *La Science d'exprimer ce qui a été & ce qui est.* Il disoit aussi *qu'il souhaitoit plutôt d'être atteint de folie que de la volupté* ; & par rapport aux femmes, *qu'un homme ne doit avoir de commerce qu'avec celles qui lui en sauront gré.* Un jeune homme du Pont, qui vouloit se rendre son disciple, lui ayant demandé de quelles choses il avoit besoin pour cela, *D'un livre neuf*, dit-il, *d'un style*[1] *neuf, & d'une tablette neuve*, voulant dire qu'il avoit principalement besoin d'esprit[2]. Un autre, qui cherchoit à se marier, l'ayant consulté, il lui répondit *que s'il prenoit une femme qui fût belle, elle ne seroit point à lui seul ; & que s'il en prenoit une laide, elle lui deviendroit bientôt à charge.* Ayant un jour entendu Platon parler mal de lui, il dit, *qu'il lui arrivoit, comme aux Rois, d'être blâmé pour avoir bien fait.* Comme on l'initioit aux mystères d'Orphée, & que le Prêtre lui disoit que ceux, qui y étoient initiés, jouissoient d'un grand bonheur aux Enfers, *Pourquoi ne meurs-tu donc pas,* lui répliqua-t-il ? On lui reprochoit qu'il n'étoit point né de deux personnes libres : *Je ne suis pas né non plus,* repartit-il, *de deux lutteurs, & cependant je ne laisse pas de savoir la lutte.* On lui demandoit aussi pourquoi il avoit si peu de disciples : *C'est que je ne les fais pas entrer chez moi avec une verge d'argent*[3] répondit-il. *sans cœur, que d'avoir à se défendre avec une pareille troupe contre un petit nombre des premiers :* Qu'il faut prendre garde de ne pas donner prise à ses ennemis, parce qu'ils sont les premiers qui s'apperçoivent des fautes qu'on fait : Que *la vertu des femmes consiste dans les mêmes choses que celle des hommes :* Que *les choses qui sont bonnes sont aussi belles & que celles qui sont mauvaises, sont honteuses :* Qu'il faut regarder les actions vicieuses comme étant étrangeres à l'homme : Que *la prudence est plus assurée qu'un mur, parce qu'elle ne peut ni crouler, ni être minée :* Qu'il faut élever dans son ame une forteresse, qui soit imprenable.

Antisthène enseignoit dans un College appelé *Cynosarge,* pas loin des portes de la ville ; & quelques-uns prétendent que c'est de là que la Secte Cynique a pris son nom. Lui-même étoit surnommé d'un nom qui signifioit un *Chien simple*, & au rapport de Diocles, il fut le premier qui doubla son manteau, afin de n'avoir pas besoin d'autre habillement. Il portoit une besace & un bâton ; & Néanthe dit, qu'il fut aussi le premier qui fit doubler sa veste. Sosicrate, dans son troisieme Livre des *Successions* remarque que Diodore Aspendien ajouta à la besace & au bâton l'usage de porter la barbe fort longue.

Antisthene est le seul des disciples de Socrate, qui ait été loué par Théopompe. Il dit, qu'il étoit d'un esprit fin, & qu'il menoit, comme il vouloit, ceux qui s'engageoient en discours avec lui. Cela paroît aussi par ses Livres, & par le Festin de Xénophon. Il paroît aussi avoir été le premier Chef de la Secte Stoïque, qui étoit la plus austere de toutes ; ce qui a donné occasion au Poëte Athénée de parler ainsi de cette Secte :

Ô vous ! auteurs des Maximes Stoïciennes ; vous, dont les saints ouvrages contiennent les plus excellentes vérités, vous avez raison de dire que la vertu est le seul bien de l'ame : c'est elle qui protege la vie des hommes, & qui garde les cités. Et s'il y en a d'autres qui regardent la volupté corporelle comme leur derniere fin, ce n'est qu'une des Muses qui le leur a persuadé[4].

C'est Antisthene qui a ouvert les voies à Diogene pour son système de la tranquillité, à Crates pour celui de la continence, à Zénon pour celui de la patience ; de sorte qu'il a jeté les fondemens de l'édifice. En effet, Xénophon dit qu'il étoit fort doux dans la conversation, & fort retenu sur tout le reste.

On divise ses ouvrages en dix volumes. Le premier contient les pièces suivantes : *De la Diction, ou des figures du discours. Ajax, ou la harangue d'Ajax. Ulysse, ou de l'Odyssée. L'Apologie d'Oreste. Des Avocats. L'Isographie, ou Défias, autrement Isocrate* ; pièce contre ce qu'Isocrate a Page:Diogène Laërce - Vies - tome 2.djvu/29 *autrement de Télémaque. D'Hélène, & de Pénélope. De Protée. Du Cyclope, ou d'Ulysse. De l'Usage du vin, ou de l'Ivrognerie ; autrement du Cyclope. De Circé. D'Amphiaraüs. D'Ulysse & de Pénélope. Du Chien.* Le tome X traite : *D'Hercule, ou de Midas. D'Hercule, ou de la Prudence & de la Force. Du Seigneur, ou de l'Amoureux. Des Seigneurs, ou des Émissaires. De Ménexene, ou de l'Empire. D'Alcibiade. D'Archélaüs, ou de la Royauté.*

Ce sont-là les ouvrages d'Antisthene, dont le grand nombre a donné occasion à Timon de le critiquer, en l'appelant un ingénieux Auteur de bagatelles. Il mourut de maladie, & l'on dit que Diogene vint alors le voir, en lui demandant s'il avoit besoin d'un ami. Il vint aussi une fois chez lui, en portant un poignard ; & comme Antisthène lui eut dit, *Qui me délivrera de mes douleurs ?* Ceci, dit Diogene, en lui montrant le poignard : à quoi il répondit, *Je parle de mes douleurs, & non pas de la vie* ; de sorte qu'il semble que l'amour de la vie lui ait fait porter sa maladie impatiemment. Voici une épigramme que j'ai faite sur son sujet :

Durant ta vie, Antisthene, tu faisois le devoir d'un chien, & mordois, non des dents, mais par tes discours qui censuroient le vice. Enfin tu meurs de consomption. Si quelqu'un s'en étonne, & demande pourquoi cela arrive : Ne faut-il pas quelqu'un qui serve de guide aux Enfers ?

Il y a eu trois autres Antisthenes ; l'un, disciple d'Héraclite ; le second, natif d'Ephese ; le troisieme de Rhodes : ce dernier étoit historien.

Après avoir parlé des disciples d'Aristippe, & de ceux de Phœdon, il est tems de passer aux disciples d'Antisthene, qui sont les Cyniques & les Stoïciens.

1. ↑ Sorte de poinçon dont les Anciens se servoient pour écrire.
2. ↑ C'est un jeu de mots, qui consiste en ce que le terme grec, qui signifie ici *neuf* ou *nouveau*, peut aussi signifier & *d'esprit*.
3. ↑ Cela veut dire que les choses les plus cheres étoient les plus estimées. Les Cyniques ne prenoient point d'argent de leurs disciples.
4. ↑ Voyez la note sur ces vers dans la vie de Zénon.

DIOGENE.

DIOGENE, fils d'Icese, Banquier, étoit de Sinope. Diocles dit que son pere, ayant la banque publique & altérant la monnoie, fut obligé de prendre la fuite ; & Eubulide, dans le livre qu'il a écrit touchant Diogene, rapporte que ce philosophe le fit aussi, & qu'il fut chassé avec son pere ; lui-même s'en accuse dans son livre, intitulé *Pardalis*. Quelques-uns prétendent qu'ayant été fait maître de la monnoie, il se laissa porter à altérer les especes par les ouvriers, & vint à Delphes ou à Délos, patrie d'Apollon, qu'il interrogea pour savoir s'il feroit ce qu'on lui conseilloit, & que n'ayant pas compris qu'Apollon, en consentant qu'il changeât la monnoie, avoit parlé allégoriquement[1], il corrompit la valeur de l'argent, & qu'ayant été surpris, il fut envoyé en exil. D'autres disent qu'il se retira volontairement, craignant les suites de ce qu'il avoit fait. Il y en a aussi qui disent qu'il altéra de la monnoie qu'il avoit reçue de son pere ; que celui-ci mourut en prison, & que Diogene prit la fuite & vint à Delphes, où ayant demandé à Apollon, Page:Diogène Laërce - Vies - tome 2.djvu/33 non pas s'il changerait la monnaie, mais par quel moyen il se rendrait plus illustre, il reçut l'oracle dont nous avons parlé.

Étant venu à Athènes, il prit les leçons d'Antisthène ; & quoique celui-ci le rebutât d'abord, ne voulant point de disciples, il le vainquit par son assiduité. On dit qu'Antisthène menaçant de le frapper à la tête avec son bâton il lui dit : *Frappe, tu ne trouveras point de bâton assez dur pour m'empêcher de venir t'écouter.* Depuis ce temps-là il devint son disciple, & se voyant exilé de sa patrie, il se mit à mener une vie fort simple. Théophraste, dans son livre intitulé *Mégarique*, raconte là-dessus, qu'ayant vu une souris qui courait, & faisant réflexion que cet animal ne s'embarrassait point d'avoir une chambre pour coucher, & ne craignait point les ténèbres, ni ne recherchait aucune des choses dont on souhaite l'usage, cela lui donna l'idée d'une vie conforme à son état. Il fut le premier, selon quelques-uns, qui fit doubler son manteau, n'ayant pas le moyen d'avoir d'autres habillements, & il s'en servit pour dormir. Il portait une besace, où il mettait sa nourriture, & se servait indifféremment du premier endroit qu'il trouvait, soit pour manger, soit pour dormir, ou pour y tenir ses discours ; ce qui lui faisait dire, en montrant le Portique de Jupiter, le Pompée, que les Athéniens lui avoient bâti un endroit pour passer la journée. Il se servait aussi d'un bâton lorsqu'il étoit incommodé, & dans la suite il le portoit par-tout, aussi bien que la besace, non à la vérité en ville, mais lorsqu'il étoit en voyage, ainsi que le rapporte Olympiodore, Patron des étrangers à Athenes[2], &

Polyeucte Rhéteur, aussi bien que Lysanias, fils d'Æschrion. Ayant écrit à quelqu'un de vouloir lui procurer une petite maison, et celui-là tardant à le faire, il choisit pour sa demeure un tonneau, qui étoit dans le temple de la mere des Dieux. L'été il se vautroit dans le sable ardent, & l'hiver il embrassoit des statues de neige, s'exerçant par tous ces moyens à la patience. Il étoit d'ailleurs mordant & méprisant : il appelait l'école d'Euclide *un lieu de colere*, & celle de Platon, *un lieu de consomption*. Il disoit que les *Jeux Dionysiaques étoient d'admirables choses pour les fous, & que ceux, qui gouvernent le peuple, ne sont que les ministres de la populace*. Il disoit aussi que *lorsqu'il considéroit la vie, & qu'il jetoit les yeux sur la police des gouvernemens, la profession de la Médecine et celle de la Philosophie, l'homme lui paroissoit le plus sage des animaux ; mais que lorsqu'il considéroit les interprêtes des songes, les devins et ceux qui employoient leur ministère, ou l'attachement qu'on a pour la gloire & les richesses, rien ne lui semblait plus insensé que l'homme*. Il répétoit souvent qu'il faut se munir dans la vie, *ou de raison, ou d'un licou*. Ayant remarqué un jour dans un grand festin que Platon ne mangeait que des olives, *Pourquoi*, lui demanda-t-il, *sage comme vous êtes, n'ayant voyagé en Sicile que pour y trouver de bons morceaux, maintenant qu'on vous les présente, n'en faites-vous point usage* ? Platon lui répondit : *En vérité, Diogène, en Sicile même je ne mangeais la plupart du temps que des olives. Si cela est*, répliqua-t-il, *qu'aviez-vous besoin d'aller à Syracuse ? Le pays d'Athènes ne porte-t-il point assez d'olives* ? Phavorin, dans son *Histoire diverse*, attribue pourtant ce mot à Aristippe. Une autre fois mangeant des figues., il rencontra Platon, à qui il dit qu'il pouvait en prendre sa part ; & comme Platon en prit & en mangea, Diogène lui dit : *qu'il lui avoit bien dit d'en prendre, mais non pas d'en manger.* Un jour que Platon avoit invité les amis de Denys, Diogène entra chez lui, & dit, en foulant ses tapis, *Je foule aux pieds la vanité de Platon* ; à quoi celui-ci répondit : *Quel orgueil ne fais-tu point voir, Diogène, en voulant montrer que tu n'en as point !* D'autres veulent que Diogène dit : *Je foule l'orgueil de Platon,* & que celui-ci répondit, *Oui, mais avec un autre orgueil.* Sotion, dans son quatrième livre, rapporte cela avec une injure, en disant que *le Chien* tint ce discours à Platon. Diogène ayant un jour prié, ce Philosophe de lui envoyer du vin, & en même temps des figues, Platon lui fit porter une cruche pleine de vin : sur quoi Diogène lui dit, *Si l'on vous demandait combien font deux & deux, vous répondriez qu'ils font vingt. Vous ne donnez point suivant ce qu'on vous demande, & vous ne répondez point suivant les questions qu'on vous fait,* voulant par-là le taxer d'être grand parleur. Comme on lui demandait dans quel endroit de la Grèce il avoit vu les hommes les plus courageux, *Des hommes ?dit-il je n'en ai vu nulle part ; mais j'ai vu des enfants à Lacédémone*[3]. Il traitait une matière sérieuse, & personne ne s'approchait pour l'écouter. Voyant cela, il se mit à chanter ; ce qui ayant attiré beaucoup de gens autour de lui, il leur reprocha, *qu'ils recherchoient avec soin ceux qui les amusoient de bagatelles, & qu'ils n'avoient aucun empressement pour les choses sérieuses.* Il disoit aussi, *qu'on se disputait bien à qui saurait le mieux faire des fosses & ruer*[4] *; mais non pas à qui se rendrait le meilleur & le plus sage. Il admirait les Grammairiens, qui recherchoient avec soin quels avoient été les malheurs d'Ulysse, & ne connaissoient pas leurs propres maux ; les Musiciens, qui accordoient soigneusement les cordes de leurs instruments, & ne pensoient point à mettre de l'accord dans leurs mœurs ; les Mathématiciens, qui observoient le soleil & la lune, & ne prenoient pas garde aux choses qu'ils avoient devant les yeux ; les Orateurs, qui s'appliquoient à parler de la justice, & ne pensoient point à la pratiquer ; les Avares, qui parloient de l'argent avec mépris, quoiqu'il n'y eût rien qu'ils aimassent plus. Il condamnait aussi ceux, qui, louant les gens de bien comme fort estimables en ce qu'ils s'élevoient au dessus de l'amour des richesses, n'avoient eux-mêmes rien de plus à cœur que d'en acquérir. Il s'indignait de ce qu'on faisait des sacrifices aux Dieux pour en obtenir la santé, tandis que ces sacrifices étoient accompagnés de festins nuisibles au corps. Il s'étonnait de ce que des esclaves, qui avoient des maîtres gourmands, ne voloient pas leur part des mets qu'ils leur voyoient manger. Il louait également ceux qui vouloient se marier, & ceux qui ne se marioient point ; ceux qui voyageoient sur mer, & ceux qui ne le faisoient pas ; ceux qui se destinoient au gouvernement de la République, & ceux qui faisoient le contraire ; ceux qui élevoient des enfants, & ceux qui n'en élevoient point ; ceux qui cherchoient le commerce des*

Grands, & ceux qui l'évitoient[5]. Il disoit aussi, qu'il ne faut pas tendre la main à ses amis avec les doigts fermés.

Ménippe[6], dans l'Encan de Diogène, rapporte que lorsqu'il fut vendu comme captif, on lui demanda ce qu'il savoit faire, & qu'il répondit, qu'il savoit commander à des hommes, ajoutant, en s'adressant au crieur, qu'il eût à crier, Si quelqu'un voulait s'acheter un maître. Comme on lui défendait de s'asseoir, Cela ne fait rien, dit-il, on vend bien les poissons de quelque manière qu'ils soient étendus. Il dit encore, qu'il s'étonnait de ce que quand on achète un pot ou une assiette, on l'examine de toutes les manières ; au lieu que quand on achetait un homme, on se contentait d'en juger par la vue. Xéniade l'ayant acheté, il lui dit, que quoiqu'il fût son esclave, c'étoit à lui de lui obéir, tout comme on obéit à un Pilote ou à un Médecin, quoiqu'on les ait à son service.

Eubulus rapporte, dans le livre intitulé L'Encan de Diogène, que sa manière d'instruire les enfants de Xéniade étoit de leur faire apprendre, outre les autres choses qu'ils devoient savoir, à aller à cheval, à tirer de l'arc, à manier la fronde, & à lancer un dard. Il ne permettait pas non plus, lorsqu'ils étoient dans l'école des exercices, que leur maître les exerçât à la manière des Athlètes, mais seulement autant que cela étoit utile pour les animer, & pour fortifier leur constitution. Ces enfants savoient aussi par cœur plusieurs choses qu'ils avoient apprises des poètes, des autres écrivains, & de la bouche de Diogène même, qui réduisait en abrégé les explications qu'il leur en donnait, afin qu'il leur fût plus facile de les retenir. Il leur faisait faire une partie du service domestique, & leur apprenait à se nourrir légèrement & à boire de l'eau. Il leur faisait couper les cheveux jusqu'à la peau, renoncer à tout ajustement, & marcher avec lui dans les rues sans veste, sans souliers, en silence, & les yeux baissés ; il les menait aussi à la chasse. De leur côté, ils avoient soin de ce qui le regardait, & le recommandoient à leur père & à leur mère.

Le même Auteur, que je viens de citer, dit qu'il vieillit dans la maison de Xéniade, dont les fils eurent soin de l'enterrer. Xéniade lui ayant demandé, comment il souhaitait d'être enterré, il répondit, le visage contre terre ; & comme il lui demanda la raison de cela, Parce que, dit-il, dans peu de temps les choses qui sont dessous se trouveront dessus, faisant allusion à la puissance des Macédoniens, qui, de peu de chose qu'ils avoient été, commençoient à s'élever. Quelqu'un l'ayant mené dans une maison richement ornée, & lui ayant défendu de cracher, il lui cracha sur le visage, disant qu'il ne voyait point d'endroit plus sale où il le pût faire ; d'autres pourtant attribuent cela à Aristippe. Un jour il criait : Hommes, approchez ; & plusieurs étant venus, il les repoussa avec son bâton, en disant, J'ai appelé des hommes, & non pas des excréments. Cela est rapporté par Hécaton au premier livre de ses Chries[Z]. On attribue aussi à Alexandre d'avoir dit, que s'il n'étoit point né Alexandre, il aurait voulu être Diogène. Ce Philosophe appelait pauvres, non pas les sourds & les aveugles ; mais ceux qui n'avoient point de besace.

Métrocle, dans ses Chries, rapporte qu'étant entré un jour, avec les cheveux à moitié coupés, dans un festin de jeunes gens, il en fut battu ; & qu'ayant écrit leurs noms, il se promena avec cet écriteau attaché sur lui, se vengeant par là de ceux qui l'avoient battu, en les exposant à la censure publique. Il disoit qu'il étoit du nombre des chiens qui méritent des louanges, & que cependant ceux qui faisoient profession de le louer, n'aimoient point à chasser avec lui. Quelqu'un se vantait en sa présence de surmonter des hommes aux Jeux Pythiques : Tu te trompes, lui dit-il, c'est à moi de vaincre des hommes ; pour toi, tu ne surmontes que des esclaves. On lui disoit qu'étant âgé, il devait se reposer le reste de ses jours : Hé quoi, répondit-il, si je fournissais une carrière, & que je fusse arrivé près du but, ne devrais-je pas y tendre avec encore plus de force, au lieu de me reposer ? Quelqu'un l'ayant invité à un régal, il refusa d'y aller, parce que le jour précédent on ne lui en avoit point su gré. Il marchait nu-pieds sur la neige, & faisait d'autres choses semblables, que nous avons rapportées. Il essaya même de manger de la chair crue, mais il ne continua pas. Ayant trouvé un jour l'Orateur Démosthène, qui dînait dans une taverne ; & celui-ci se retirant, Diogène lui dit, Tu ne fais, en te retirant, qu'entrer dans une taverne plus grande. Des étrangers souhaitant de voir Démosthène, il leur montra son doigt du milieu tendu, en disant, Tel est celui qui gouverne le peuple d'Athènes[8]. Voulant corriger quelqu'un qui avoit laissé tomber du pain, & avoit honte de le ramasser, il lui pendit un pot de terre au cou, et dans cet équipage le promena par la Place

Céramique[9]. Il disoit, qu'il faisait comme les maîtres de musique, qui changeoient leur ton pour aider les autres à prendre celui qu'il fallait. Il disoit aussi que beaucoup de gens passoient pour fous à cause de leurs doigts, parce que si quelqu'un portait le doigt du milieu tendu, on le regardait comme un insensé ; ce qui n'arrivait point, si on portait le petit doigt tendu. Il se plaignait de ce que les choses précieuses coûtoient moins que celles qui ne l'étoient pas tant, disant, qu'une statue coûtait trois mille pièces, & qu'une mesure[10] de farine ne coûtait que deux pièces de cuivre.

Il dit encore à Xéniade, lorsque celui-ci l'eut acheté, qu'il prît garde de faire ce qu'il lui ordonnerait ; & Xéniade lui ayant répondu, Il me semble que les fleuves remontent vers leur source [11], Si étant malade, répliqua Diogène, vous aviez pris un Médecin à vos gages, au lieu d'obéir à ses ordres, lui répondriez-vous que les fleuves remontent vers leur source ? Quelqu'un voulant apprendre de lui la Philosophie, il lui donna un mauvais poisson à porter, & lui dit de le suivre. Le nouveau disciple, honteux de cette première épreuve, jeta le poisson & s'en fut. Quelque temps après, Diogène le rencontra, et, se mettant à rire : Un mauvais poisson, lui dit il, a rompu notre amitié. Dioclès raconte cela autrement. Il dit que quelqu'un ayant dit à Diogène, Tu peux nous commander ce que tu veux, le Philosophe lui donna un demi-fromage à porter ; & que comme il refusait de le faire, Diogène ajouta, Un demi-fromage a rompu notre amitié. Ayant vu un enfant qui buvait de l'eau en se servant du creux de sa main, il jeta un petit vase qu'il portait pour cela dans sa besace, en disant qu'un enfant le surpassait en simplicité. Il jeta aussi sa cuiller, ayant vu un autre enfant ; qui, après avoir cassé son écuelle, ramassait des lentilles avec un morceau de pain qu'il avoit creusé.

Voici un de ses raisonnements : Toutes choses appartiennent aux Dieux. Les sages sont amis des Dieux. Les amis ont toutes choses communes ; ainsi toutes choses sont pour les sages. Zoïle de Perge rapporte, qu'ayant vu une femme qui se prosternait d'une manière déshonnête devant les Dieux, & voulant la corriger de sa superstition, il s'approcha d'elle & lui dit, Ne crains-tu point, dans cette posture indécente, que Dieu ne soit peut-être derrière toi ; car toutes ces choses sont pleines de sa présence. Il consacra à Esculape un tableau, représentant un homme qui venait frapper des gens qui se prosternoient le visage contre terre[12]. Il avoit coutume de dire, que toutes les imprécations, dont les Poètes font usage dans leurs tragédies, étoient tombées sur lui, puisqu'il n'avoit ni ville, ni maison, & qu'il étoit hors de sa patrie, pauvre, vagabond, & vivant au jour la journée, ajoutant qu'il opposait à la fortune le courage, aux lois la nature, la raison aux passions. Pendant que dans un lieu d'exercice nommé Cranion[13], il se chauffait au soleil, Alexandre s'approcha, & lui dit qu'il pouvait lui demander ce qu'il souhaitait. Je souhaite, répondit-il, que tu ne me fasses point d'ombre ici. Il avoit été présent à une longue lecture,

& celui qui lisait, approchant de la fin du livre, montrait aux assistants qu'il n'y avoit plus rien d'écrit. Courage, amis, dit Diogène, je vois terre. Quelqu'un, qui lui faisait des syllogismes, les ayant conclus par lui dire qu'il avoit des cornes, il se toucha le front & répondit, C'est pourtant de quoi je ne m'aperçois point. Un autre voulant lui prouver qu'il n'y avoit point de mouvement, il se contenta pour toute réponse de se lever & de se mettre à marcher. Quelqu'un discourait beaucoup des phénomènes célestes ; En combien de jours, lui dit-il, es-tu venu du Ciel ? Un Eunuque, de mauvaises mœurs, ayant écrit sur sa maison, "Que rien de mauvais n'entre ici" : Et comment donc, dit Diogène, le maître du logis pourra-t-il y entrer ? S'étant oint les pieds, au lieu de la tête, il en donna pour raison que lorsqu'on s'oignait la tête, l'odeur se perdait en l'air ; au lieu que des pieds elle montait à l'odorat. Les Athéniens vouloient qu'il se fît initier à quelques mystères, & lui disoient, pour l'y engager, que les Initiés présidoient sur les autres aux Enfers. Ne serait-il pas ridicule, répondit-il, qu'Agésilas & Épaminondas croupissent dans la boue, & que quelques gens du commun fussent placés dans les îles des bienheureux, parce qu'ils auroient été initiés ? Il vit des souris grimper sur sa table : Voyez, dit-il, Diogène nourrit aussi des parasites. Platon lui ayant donné le titre de sa secte, qui étoit celui de Chien, il lui dit : Tu as raison ; car je suis retourné auprès de ceux qui m'ont vendu [14]. Comme il sortait du bain, quelqu'un lui demanda s'il y avoit beaucoup d'hommes qui se lavoient ; il dit que non. "Y a-t-il donc beaucoup de gens reprit l'autre ?" Oui. dit

Diogène. Il avoit entendu approuver la définition que Platon donnait de l'homme, qu'il appelait un Animal à deux pieds, sans plumes. Cela lui fit naître la pensée de prendre un Coq, auquel il ôta les plumes, & qu'il porta ensuite dans l'école de Platon, en disant : Voilà l'homme de Platon ; ce qui fit ajouter à la définition de ce Philosophe, que l'homme est un Animal à grands ongles. On lui demandait quelle heure convient le mieux pour dîner. Quand on est riche, dit-il, on dîne lorsqu'on veut, & quand on est pauvre, lorsqu'on le peut. Il vit les brebis des Mégariens qui étoient couvertes de peaux[15], pendant que leurs enfants alloient nus ; il en prit occasion de dire qu'il valait mieux être le bouc des Mégariens que leur enfant. Quelqu'un l'ayant heurté avec une poutre, en lui disant ensuite de prendre garde : Est-ce, répondit-il, que tu veux me frapper encore ? Il appelait ceux qui gouvernent le peuple des Ministres de la populace, & nommait les couronnes des ampoules de la gloire. Une fois il alluma une chandelle en plein jour, disant qu'il cherchait un homme. Il se tenait quelquefois dans un endroit d'où il faisait découler de l'eau sur son corps ; & comme les assistants en avoient pitié, Platon, qui étoit présent, leur dit : Si vous avez pitié de lui, vous n'avez qu'à vous retirer, voulant dire que ce qu'il en faisait étoit par vaine gloire. Quelqu'un lui ayant donné un coup de poing : En vérité, dit-il, je pense à une chose bien importante que je ne savais pas ; c'est que j'ai besoin de marcher avec un casque. Un nommé Midias lui ayant donné des coups de poing, en lui disant qu'il y avoit trois mille pièces toutes comptées pour sa récompense, Diogène prit le lendemain *des courroies, comme celles des combattants du Ceste, & lui dit, en le frappant : Il y a trois mille pièces comptées pour toi. Lysias, Apothicaire, lui demanda s'il croyait qu'il y eût des Dieux ? Comment, dit-il, ne croirais-je pas qu'il y en a, puisque je crois que tu es l'ennemi des Dieux ? Quelques uns attribuent pourtant ce mot à Théodore. Ayant vu quelqu'un qui recevait une aspersion religieuse, il lui dit : Pauvre malheureux ! ne vois-tu pas que comme les aspersions ne peuvent pas réparer les fautes que tu fais contre la Grammaire, elles ne répareront pas plus celles que tu commets dans la vie ? Il reprenait les hommes, par rapport à la prière, de ce qu'ils demandoient des choses qui leur paraissoient être des biens, au lieu de demander celles qui sont des biens réels. Il disoit de ceux qui s'effroient des songes, qu'ils ne s'embarrassent point de ce qu'ils font pendant qu'ils sont éveillés, & qu'ils donnent toute leur attention aux imaginations qui se présentent à leur esprit pendant le sommeil. Un Héraut ayant, dans les Jeux Olympiques, proclamé Dioxippée Vainqueur d'hommes, Diogène répondit, Celui dont tu parles n'a vaincu que des esclaves ; c'est à moi de vaincre des hommes.*

Les Athéniens aimoient beaucoup Diogène. On conte qu'un garçon ayant brisé son tonneau, ils le firent punir, & donnèrent un autre tonneau au Philosophe. Denys le Stoïcien rapporte qu'ayant été pris après la bataille de Chéronée & conduit auprès de Philippe, ce prince lui demanda qui il étoit, & qu'il répondit, Je suis l'espion de ta cupidité ; ce qui émut tellement Philippe, qu'il le laissa aller. Un jour Alexandre chargea un nommé Athlias de porter à Athènes une lettre pour Antipater. Diogène, qui étoit présent, dit qu'on pouvait dire de cette lettre, qu'Athlias l'envoyait d'Athlias par Athlias à Athlias[16]*Perdicéas l'ayant menacé de le faire mourir s'il ne se rendait auprès de lui, il répondit qu'il ne ferait rien de fort grand par là, puisqu'un escarbot, & l'herbe Phalange, pouvoient faire la même chose. Bien au contraire il renvoya pour menace à Perdicéas, qu'il vivrait plus heureux s'il vivait sans voir Diogène. Il s'écriait souvent que les Dieux avoient mis les hommes en état de mener une vie heureuse ; mais que le moyen de vivre ainsi n'étoit pas connu de ceux qui aiment les tartes, les onguents & autres choses semblables. Il dit à un homme qui se faisait chausser par son Domestique, qu'il ne serait heureux que lorsqu'il se ferait aussi moucher par un autre ; ce qui arriverait, s'il perdait l'usage des mains. Il vit un jour les Magistrats, qui présidoient aux choses saintes*[17] *accuser un homme d'avoir volé une fiole dans le Trésor ; sur quoi il dit, que les grands voleurs accusoient les petits. Voyant aussi un garçon qui jettoit des pierres contre une potence, Courage, lui dit-il, tu atteindras au but. De jeunes-jeunes qui étoient autour de lui, lui dirent, qu'ils auroient bien soin qu'il ne les mordît pas. Tranquilisez-vous, mes enfans, leur dit-il, les Chiens ne mangent point de betteraves*[18]*. Il dit aussi à un homme qui se croyoit relevé par la peau d'un lion dont il étoit couvert, Cesses de déshonorer les enseignes de la vertu. Quelqu'un trouvoit que Callisthène étoit fort heureux* *d'être si magnifiquement traité par Alexandre : Au contraire, dit-il, je le trouve bien malheureux de ne pouvoir dîner & souper que quand il plait à Alexandre. Lorsqu'il avoit besoin d'argent, il disoit qu'il en demandoit à ses amis, plutôt comme une restitution que comme un présent. Un jour qu'étant au Marché, il faisoit des gestes indécens, il dit qu'il seroit à souhaiter qu'on pût ainsi appaiser la faim. Une autre fois il vit un jeune garçon qui alloit souper avec de grands Seigneurs : il le tira de leur compagnie, & le reconduisit chez ses parens, en leur recommandant de prendre garde à lui. Un autre jeune homme, qui étoit fort paré, lui ayant fait quelque question, il dit : qu'il ne lui répondroit pas qu'il ne lui*

lui eût fait connaître s'il étoit homme, ou femme. Il vit aussi un jeune homme dans le bain, qui versait du vin d'une fiole dans une coupe, dont l'écoulement rendait un son[19]. Mieux tu réussis, lui dit-il, moins tu fais bien. Étant à un souper, on lui jeta des os comme à un chien : il vengea cette injure, en s'approchant de plus près de ceux qui la lui avoient faite, et en salissant leurs habits. Il appelait les Orateurs et tous ceux qui mettoient de la gloire à bien dire, des gens trois fois hommes ; en prenant cette expression dans le sens de trois fois malheureux. Il disoit qu'un riche ignorant ressemble à une brebis, couverte d'une toison d'or. Ayant remarqué sur la maison d'un gourmand qu'elle étoit à vendre : Je savais bien, dit-il, qu'étant si pleine de crapule, tu ne manquerais pas de vomir ton maître. Un jeune homme se plaignait qu'il étoit obsédé par trop de monde ; Et, toi, lui dit-il, cesses de donner des marques de tes mauvaises inclinations. Étant un jour entré dans un bain fort sale, Où se lavent, dit-il, ceux qui se sont lavés ici ? Tout le monde méprisait un homme qui jouait grossièrement du luth, lui seul lui donnait des louanges ; & comme on lui en demandait la raison, il répondit que c'étoit parce que quoiqu'il jouât mal de cet instrument, il aimait mieux gagner sa vie de la sorte que se mettre à voler. Il saluait un joueur de luth, que tout le monde abandonnait, en lui disant, Bonjour, Coq ; & cet homme lui ayant demandé pourquoi il l'appelait de ce nom, il lui dit que c'étoit à cause qu'il éveillait tout le monde par sa mélodie. Ayant remarqué un jeune garçon qu'on faisait voir, il remplit son giron de lupins[20], & se plaça vis-à-vis de lui : sur quoi le monde qui étoit là, ayant tourné la vue sur Diogène, il dit qu'il s'étonnait de ce qu'on quittait l'autre objet pour le regarder. Un homme fort superstitieux le menaçait de lui casser la tête d'un seul coup. Et moi, lui dit-il, je te ferai trembler en éternuant de ton côté gauche. Hégésias lui ayant demandé l'usage de quelqu'un de ses écrits, il lui dit : Si tu voulais des figues, Hégésias, tu n'en prendrais pas de peintes ; tu en cueillerais de véritables. Il y a donc de la folie en ce que tu fais de négliger la véritable manière de t'exercer l'esprit pour chercher la science dans les livres. Quelqu'un lui reprochait qu'il étoit banni de son pays : Misérable ! dit-il, c'est là ce qui m'a rendu Philosophe. Un autre lui disant pareillement, « Ceux de Sinope t'ont chassé de leur pays », il répondit, Et moi je les ai condamnés à y rester. Il vit un jour un homme qui avoit été vainqueur aux Jeux Olympiques, menant paître des brebis, & lui dit : Brave homme, vous êtes bientôt passé d'Olympe à Némée[21]. On lui demandait ce qui rendait les Athlètes si insensibles : il répondit, C'est qu'ils sont composés de chair de bœuf & de pourceau. Une autre fois il exigeait qu'on lui érigeât une statue ; & comme on voulait savoir le sujet d'une pareille demande, il dit, Je m'accoutume par là à ne point obtenir ce que je souhaite. La pauvreté l'ayant obligé d'abord à demander de l'assistance, il dit à quelqu'un qu'il priait de subvenir à ses besoins : Si tu as donné à d'autres, donne-moi aussi ; & si tu n'as encore donné à personne, commence par moi. Un Tyran lui demanda quel airain étoit le meilleur pour faire des statues : Celui, dit-il, dont on a fait les statues d'Harmodius & d'Aristogiton [22]. Étant interrogé de quelle manière Denys se servait de ses amis, Comme on se sert des bourses, dit-il ; on les suspend quand elles sont pleines, & on les jette quand elles sont vides. Un nouveau marié avoit écrit sur sa maison : Hercule, ce glorieux vainqueur, fils de Jupiter, habite ici ; que rien de mauvais n'y entre. Diogène y mit cette autre inscription : Troupes auxiliaires après la guerre finie. Il appelait appelait l'amour de l'argent la Métropole de tous les maux. Un dissipateur mangeait des olives dans une taverne, Diogène lui dit, Si tu avais toujours dîné ainsi, tu ne souperais pas de même. Il appelait les hommes vertueux les Images des Dieux ; & l'amour, l'Occupation de ceux qui n'ont rien à faire. On lui demandait quelle étoit la condition la plus misérable de la vie : il répondit que c'étoit celle d'être vieux & pauvre. Un autre lui demanda quelle étoit celle de toutes les bêtes qui mordait le plus dangereusement : C'est, dit-il, le calomniateur parmi les bêtes sauvages, & le flatteur parmi les animaux domestiques. Une autre fois voyant deux Centaures qui étoient fort mal représentés, Lequel, dit-il, est le plus mauvais ? Il disoit qu'un discours, fait pour plaire, étoit un filet enduit de miel ; & que le ventre est, comme le gouffre de Charybde, l'abîme des biens de la vie. Ayant appris qu'un nommé Didyme avoit été pris en adultère, Il est digne, dit-il, d'être pendu de la manière la plus honteuse. " Pourquoi, lui dit-on, l'or est-il si pâle ? " C'est, répondit-il, parce que beaucoup de gens cherchent à s'en emparer. Sur ce qu'il vit une femme qui étoit portée dans une litière, il dit qu'il faudroit une autre cage pour un animal si farouche. Une autre fois il vit un esclave fugitif qui étoit sur un puits, & lui dit, Jeune homme, prends garde de tomber. Voyant dans un bain un jeune garçon qui avoit dérobé des habits, il lui demanda s'il étoit là pour prendre des onguents, ou d'autres vêtements ? Sur ce qu'il vit des femmes qui avoient été pendues à des oliviers, Quel bonheur ! s'écria-t-il, si tous les arbres portoient des fruits de cette espèce. Il vit aussi un homme qui dérobait des habits dans les sépulcres, & lui dit, Ami, que cherches-tu ici ? Viens-tu dépouiller quelqu'un des morts ?[23] On lui demandait s'il n'avoit ni valet, ni servante. Non, dit-il. "Qui est celui, reprit-on, qui vous enterrera lorsque vous serez mort ? " Celui, répliqua-t-il, qui aura besoin de ma maison. Voyant un jeune homme, fort beau, qui dormait inconsidérément, il le poussa & lui dit : Réveille-toi, de peur que quelqu'un ne te lance un trait inattendu[24]. Sur ce qu'un autre faisait de grands festins, il lui dit : Mon fils, tes jours ne seront pas de longue durée ; tu fréquentes les marchés[25]. Platon, en discourant sur les Idées, ayant parlé de la qualité de Table & de Tasse considérée abstraitement, Diogène lui dit : Je vois bien ce que c'est qu'une Table & une Tasse ; mais pour la qualité de Table & de Tasse[26], je ne la vois point. À quoi Platon répondit, Tu parles fort bien. En effet, tu as des yeux, qui sont ce qu'il faut pour voir une table & une tasse ; mais tu n'as point ce qu'il faut pour voir la qualité de table & de tasse ; savoir, l'entendement. On lui demanda ce qu'il lui semblait de Socrate ; il répondit que c'étoit un fou. Quand il croyait qu'il fallait se marier : Les jeunes gens, pas encore, dit-il ; et les vieillards, jamais. Ce qu'il voulait avoir pour recevoir un soufflet : Un casque, répliqua-t-il. Voyant un jeune homme qui s'ajustait beaucoup, il lui dit : Si tu fais cela pour les hommes, c'est une chose inutile ; & si tu le fais pour les femmes, c'est une chose mauvaise. Une autre fois il vit un jeune garçon qui rougissait : Voilà de bonnes dispositions, lui dit-il ; c'est la couleur de la vertu. Il entendit un jour deux avocats, & les condamna tous deux, disant que l'un avoit dérobé ce dont il s'agissait, & que l'autre ne l'avoit point perdu. Quel vin aimes-tu mieux boire ? lui dit quelqu'un : Celui des autres, reprit-il. On lui rapporta que beaucoup de gens se moquoient de lui ; il répondit : Je ne m'en tiens point pour moqué. Quelqu'un se plaignait des malheurs qu'on rencontre dans la vie ; à quoi il répondit que le malheur n'étoit point de vivre, mais de mal vivre. On lui conseillait de chercher son esclave qui l'avoit quitté : Ce serait bien, dit-il, une chose ridicule, que mon esclave Manès pût vivre sans Diogène, et que Diogène ne pût vivre sans Manès. Pendant qu'il dînait avec des olives, quelqu'un apporta une tarte ; ce qui lui fit jeter les olives, en disant : Hôte, cédez la place aux Tyrans[27] & cita en même temps ces autres paroles : Il jeta l'olive[28]. On lui demanda de quelle race de chiens il étoit : Quand j'ai faim, dit-il, je suis Chien de Malte[29] ; et quand je suis rassasié, je suis Chien Molosse. Et de même qu'il y a des gens qui donnent beaucoup de louanges à certains chiens, quoiqu'ils n'osent pas chasser avec eux, craignant la fatigue ; de même aussi vous ne pouvez pas vous associer à la vie que je mène, parce que vous craignez la douleur. Quelqu'un lui demanda s'il étoit permis aux sages de manger des tartes : Aussi bien qu'aux autres hommes, dit-il. Pourquoi, lui dit un autre, donne-t-on communément aux mendiants, & point aux Philosophes ? Parce que, répondit-il, on croit qu'on pourra devenir plutôt aveugle & boiteux que Philosophe. Il demandait quelque chose à un avare, & celui-là tardant à lui donner, il lui dit : Pensez, je vous prie, que ce que je vous demande est pour ma nourriture, & non pas pour mon enterrement. Quelqu'un lui reprochant qu'il avoit fait de la fausse monnaie, il lui répondit : Il est vrai qu'il fut un temps où j'étais ce que tu es à présent ; mais ce que je suis maintenant, tu ne le seras jamais. Un autre lui reprochait aussi cette faute passée : Ci-devant, reprit-il, étant enfant, je salissais aussi mon lit, je ne le fais plus à présent. Étant à Minde, il remarqua que les portes de la ville étoient fort grandes, quoique la ville elle-même fût fort petite, & se mit à dire : Citoyens de Minde, fermez vos portes, de peur que votre ville n'en sorte. Un homme avoit été attrapé volant de la pourpre ; Diogène lui appliqua ces paroles : Une fin éclatante & un sort tragique l'ont surpris [30]Craterus le priait de se rendre auprès de lui : J'aime mieux, dit-il, manger du sel à Athènes que de me trouver aux magnifiques festins de Craterus. Il y avoit un Orateur, nommé Anaximène, qui étoit extrêmement gros. Diogène, en l'accostant, lui dit : Tu devrais bien faire part de ton ventre à nous autres pauvres gens ; tu serais soulagé d'autant, & nous nous en trouverions mieux.Un jour que ce Rhéteur traitait quelque question, Diogène, tirant un morceau de salé, s'attira l'attention de ses auditeurs, & dit, sur ce qu'Anaximène s'en fâcha, Une obole de salé a fini la dispute d'Anaximène. Comme on lui reprochait qu'il mangeait en plein Marché, il répondit que c'étoit sur le Marché que la faim l'avoit pris. Quelques uns lui attribuent aussi la repartie suivante à Platon. Celui-ci l'ayant vu éplucher des herbes, il s'approcha, & lui dit tout bas : "Si tu avais fait ta cour à Denys, tu ne serais pas réduit à éplucher des herbes". Et toi, lui repartit Diogène, si tu avais épluché des herbes, tu n'aurais pas fait ta cour à Denys. Quelqu'un lui disant, "La plupart des gens se moquent de vous", il répondit : Peut-être que les ânes se moquent aussi d'eux ; mais comme ils ne se soucient pas des ânes, je ne m'embarrasse pas non plus d'eux. Voyant un jeune garçon qui s'appliquait à la Philosophie, il lui dit : Courage ! fais qu'au lieu de plaire par ta jeunesse, tu plaises par les qualités de l'âme. Quelqu'un s'étonnait du grand nombre de dons sacrés qui étoient dans l'Antre[31] de Samothrace : Il y en aurait bien davantage, lui dit-il, s'il y en avoit de tous ceux qui ont succombé sous les périls. D'autres attribuent ce mot à Diagoras de Mélos. Un jeune garçon allait à un festin ; Diogène lui dit : Tu en reviendras moins sage. Le lendemain, le jeune garçon l'ayant rencontré, lui dit : "Me voilà de retour du festin, & je n'en suis pas devenu plus mauvais." mauvais. Je l'avoue, répondit Diogène, tu n'es pas plus mauvais, mais plus relâché. Il demandait quelque chose à un homme fort difficile, qui lui dit : „Si vous venez à bout de me le persuader". Si je pouvais vous persuader quelque chose, répondit Diogène, ce serait d'aller vous étrangler. Revenant un jour de Lacédémone à Athènes, il rencontra quelqu'un qui lui demanda d'où il venait & où il allait : De l'appartement des hommes à celui des femmes[32], répondit-il. Une autre fois, qu'il revenait des Jeux Olympiques, on lui demanda s'il y avoit beaucoup de monde ; Oui, dit-il, beaucoup de monde ; mais peu d'hommes. Il disoit que les gens perdus de mœurs ressemblent aux figues qui croissent dans les précipices, & que les hommes ne mangent point ; mais qui servent aux corbeaux & aux vautours. Phryné ayant offert à Delphes une Vénus d'or, il l'appela la preuve de l'Intempérance des Grecs. Alexandre s'étant un jour *présenté devant lui, & lui ayant dit, „Je suis le grand monarque Alexandre". Et moi, répondit il, je suis Diogène le Chien. Quelqu'un lui demanda ce qu'il avoit fait pour être appelé Chien ; à quoi il répondit : C'est que je caresse ceux qui me donnent quelque chose, que j'aboie après d'autres qui ne me donnent rien, et que je mords les méchants. Un homme, préposé à garder des figues, lui en ayant vu cueillir une, lui dit : „Il n'y a pas longtemps qu'un homme se pendit à cet arbre". Eh bien, répondit-il, je le purifierai. Un autre, qui avoit vaincu aux Jeux Olympiques, fixait ses regards sur une Courtisane : Voyez, dit Diogène, ce Bélier de Mars, qu'une jeune fille tire par le cou. Il disoit que les belles Courtisanes ressemblent à de l'eau miellée, mêlée de poison. Dînant un jour à la vue de tout le monde, ceux qui étoient autour de lui, l'appelèrent Chien : Vous l'êtes vous-mêmes, dit-il, puisque vous vous rassemblez autour de moi pour me voir manger. Deux personnes d'un caractère efféminé l'évitoient avec soin. Ne craignez pas, leur dit-il ; le Chien ne mange point de betteraves. On lui demandait d'où étoit un jeune homme qui s'étoit laissé débaucher. De Tégée[33], dit-il. Ayant vu un mauvais lutteur qui exerçait la profession de Médecin, il lui demanda par quel hasard il abattait à présent ceux qui savoient le vaincre autrefois. Le fils d'une Courtisane jetait une pierre parmi du monde assemblé ; Prends garde, dit-il, que tu n'atteignes ton père. Un jeune garçon lui montrant une épée qu'il avoit reçue d'une manière peu honnête, il lui dit : L'épée est belle, mais la poignée ne l'est pas. Il entendit louer quelqu'un de qui il avoit reçu un présent : Et moi, dit-*

il, ne me louez-vous pas de ce que j'ai été digne de le recevoir ? Quelqu'un lui redemandant son manteau, il lui fit cette réponse : Si vous me l'avez donné, il est à moi ; si vous me l'avez prêté pour m'en servir, j'en fais usage. Il répondit à un autre, qui avoit été aposté pour lui dire qu'il y avoit de l'or caché dans son habit, Je le sais bien ; c'est pour cela que je couche dessus quand je dors « Quel gain, lui demanda-t-on, vous rapporte la Philosophie ? » Quand il n'y en auroit pas d'autre, répondit-il, elle fait que je suis préparé à tout événement. Un autre lui demanda d'où il étoit. Je suis, dit-il, Citoyen du Monde. Voyant quelqu'un qui offroit des sacrifices pour avoir un fils, il le blâma de ce qu'il n'en offroit point par rapport au caractere dont seroit ce fils. On lui demandoit sa quote-part de la collecte qu'on faisoit pour les pauvres, il répondit par ce vers : Dépouillez les autres, mais abstenez-vous de toucher Hector[34]. Il appeloit les Courtisannes les Reines des Rois, parce qu'elles demandent tout ce qui leur plaît. Les Athéniens ayant décerné à Alexandre les honneurs de Bacchus, il leur dit : Je vous prie, faites aussi que je sois Sérapis. On le blâmait de ce qu'il entrait dans des endroits sales ; Et le Soleil, dit-il, entre bien dans les latrines, sans en être sali. Un jour qu'il prenait son repas dans un Temple, il y vit apporter des pains mal-propres ; il les prit & les jeta au loin, en disant, qu'il ne devait entrer rien d'impur dans les lieux saints. Quelqu'un l'interrogea pourquoi, tandis qu'il ne savoit rien il professait la Philosophie. Il répondit : Quand je ne ferais que contrefaire la sagesse, en cela même je serais Philosophe. Un autre lui présenta son enfant, dont *il lui vantait le génie & la tempérance ; Si cela est, lui dit-il, en quoi a-t-il donc besoin de moi ? Il disoit que ceux, qui parlent des choses honnêtes & ne les pratiquent pas, ressemblent à un instrument de Musique[35], qui n'a ni ouïe, sentiment. Il entrait au Théâtre, en tournant le dos à ceux qui en sortoient ; & comme on lui en demandait la raison, il répondit ; que c'étoit ce qu'il avoit toujours tâché de faire toute sa vie. [36] Il reprit un homme qui affectait des airs efféminés. N'êtes-vous pas honteux, lui dit-il, de vous rendre pire que la Nature ne vous a fait ? Vous êtes homme, & vous vous efforcez de vous rendre femme. Une autre fois il vit un homme, déréglé dans ses mœurs, qui accordait une harpe[37]. N'avez-vous pas honte, lui reprocha-t-il, de savoir accorder les sons d'un morceau de bois, & de ne pouvoir accorder votre âme avec les devoirs de la vie ? Quelqu'un lui disoit,,, Je ne suis pas propre à la Philosophie". Pourquoi donc, lui répliqua-t-il, vivez-vous, puisque vous ne vous embarrassez pas de vivre bien ? Il entendit un homme parler mal de son père, & lui dit : Ne rougissez-vous pas d'accuser de manque d'esprit celui par qui vous en avez ? Voyant un jeune homme d'un extérieur honnête, qui tenait des discours indécents : Quelle vergogne ! lui dit-il, de tirer une épée de plomb d'une gaine d'ivoire ? On le blâmait de ce qu'il buvait dans un cabaret ; J'étanche ici ma soif, répondit-il, tout comme je me fais faire la barbe chez un barbier. On le blâmait aussi de ce qu'il avoit reçu un petit manteau d'Antipater ; il employa ce vers pour réponse : Il ne faut pas rejeter les précieux dons* des Dieux. [38] *Quelqu'un le heurta d'une poutre, en lui disant, Prends garde* : il lui donna un coup de son bâton, & lui répliqua, prends garde toi-même. Témoin qu'un homme suppliait une Courtisane, il lui dit : Malheureux ! pourquoi tâches-tu de parvenir à ce dont il vaut bien mieux être privé ? Il dit aussi à un homme, qui étoit parfumé : Prenez garde que la bonne odeur de votre tête ne rende votre vie de mauvaise odeur. Il disoit encore que comme les serviteurs sont soumis à leurs maîtres, les méchants le sont à leurs convoitises. Quelqu'un lui demandait pourquoi les esclaves étoient appelés d'un nom qui signifie Pieds d'hommes, il répondit : Parce qu'ils ont des pieds comme les hommes, & une âme formée comme la tienne, puisque tu fais cette question. Il demandait une mine à un luxurieux ; & interrogé pourquoi il souhaitait de celui-là une mine, tandis qu'il ne demandait qu'une obole à d'autres, il répondit : C'est que j'espère désormais recevoir des autres, au-lieu qu'il n'y a que les Dieux qui sachent si tu me donneras jamais quelque chose de plus. On lui reprochait qu'il demandait des dons, pendant que Platon s'abstenait de pareilles demandes. Il en fait aussi, dit-il, mais c'est en approchant sa tête de l'oreille, de peur que d'autres ne le sachent. Voyant un mauvais tireur d'arc, il fut s'asseoir à l'endroit où étoit le but, alléguant que c'étoit de peur que cet homme ne l'attrapât. Il disoit que les amoureux sont la dupe de l'idée qu'ils se forment de la volupté. On lui demandait si la mort étoit un mal : Comment serait-ce un mal, répondit-il puisqu'on ne la sent pas ? Alexandre s'étant subitement présenté devant lui, lui demandait si sa *présence ne lui causait point de crainte, il répondit : En quelle qualité voulez-vous que je vous craigne ? Est-ce comme bon, ou comme mauvais ? ,, Comme bon dit Alexandre''. Eh ! reprit Diogène, comment peut-on craindre ce qui est bon ? Il appelait l'instruction la prudence des jeunes gens, la consolation des vieillards, la richesse des pauvres, & l'ornement des riches L'adultère Didymon étoit occupé à guérir les yeux d'une fille. Diogène lui dit : Prenez garde qu'en guérissant les yeux de cette fille, vous ne lui blessiez la prunelle*[39]*. Quelqu'un lui disant que ses amis lui tendoient des pièges : Que fera-t-on, répondit-il s'il faut vivre avec ses amis comme avec ses ennemis ? Interrogé sur ce qu'il y avoit de plus beau parmi les hommes, il répondit que c'étoit la franchise. Il entra un jour dans une école, où il vit plusieurs images des Muses & peu d'écoliers. Il dit au Maître : Vous avez bien des disciples, grâces aux Dieux.*

Il faisait publiquement ses fonctions naturelles, celle de manger, aussi-bien que les autres ; & il avoit coutume de s'excuser par ces sortes de raisonnements : S'il n'est pas déplacé de prendre ses repas, il ne l'est pas non plus de les prendre en plein Marché : or il n'est pas malhonnête de manger ; il ne l'est donc pas aussi de manger publiquement. [40] *Il lui arrivait aussi souvent de faire des gestes indécents, & disoit pour excuse qu'il n'hésiterait point d'en faire pour apaiser la faim, s'il le pouvait. On lui attribue d'autres discours qu'il serait trop long de rapporter. Il distinguait deux sortes d'exercices, celui de* l'âme & celui du corps. Concevant que l'occupation que l'exercice donne continuellement à l'imagination, facilite la pratique de la vertu, disoit que l'un de ces sortes d'exercices est imparfait sans l'autre, la bonne disposition & la force se manifestant dans la pratique de nos devoirs, telle qu'elle a lieu par rapport au corps & à l'âme. Il alléguait, pour marque de facilité que l'exercice donne pour la vertu, l'adresse qu'acquièrent les Artisans & ceux qui font des ouvrages manuels, à force de s'y appliquer. Il faisait encore remarquer la différence qu'il y a entre les Musiciens & les Athlètes, selon que l'un s'applique au travail plus que l'autre ; & disoit que si ces gens-là avoient apporté le même soin à exercer leur âme, il n'auroient pas travaillé inutilement. En un mot, il étoit dans le principe que rien de tout ce qui concerne la vie ne se fait bien sans exercice, & que par ce moyen on peut venir à bout de tout. Il concluait de là que si, renonçant aux travaux inutiles, on s'applique à ceux qui sont selon la nature, on vivra heureusement ; & qu'au contraire le manque de jugement rend malheureux. Il disoit même que si on s'accoutume à mépriser les voluptés, on trouvera ce sentiment très agréable, & que comme ceux, qui ont prit l'habitude des voluptés, s'en passent difficilement ; de même si on s'exerce à mener un vie contraire, on prendra plaisir à les mépriser. C'étoient-là les principes qu'il enseignait, & qu'il pratiquait en même temps, remplissant ainsi l'esprit du mot Change la monnaie[41], parce que par cette manière de vivre il savoit moins la coutume que la nature. Il donnait pour caractère général de sa vie, qu'elle ressemblait à celle *d'Hercule en ce qu'il préférait la liberté à tout. Il disoit que les Sages ont toutes chose communes, & se servait de ces raisonnements : Toutes choses appartiennent aux Dieux. Les Sages sont amis des Dieux. Les amis ont toutes choses communes : ainsi toutes choses sont pour les Sages. Il prouvait d'une manière semblable que la Société ne peut être gouvernée sans lois. Il ne sert de rien d'être civilisé, si l'on n'est dans une ville. La Société d'une ville consiste en cela même qu'on soit civilisé. Une ville n'est rien sans lois ; la civilité est donc une loi. Il se moquait de la noblesse, de la gloire, & d'autres choses semblables, qu'il appelait des Ornements du vice, disant que les lois de Société établies par la constitution du monde, sont les seules justes. Il croyait que les femmes devoient être communes, & n'estimait point le mariage, ne soumettant l'union des deux sexes qu'à la condition du consentement réciproque ; de là vient qu'il croyait aussi que les enfants devoient être communs. Il ne regardait pas comme mauvais de recevoir des choses saintes, & de manger des animaux ; il pensait même qu'il étoit permis de manger de la chair humaine, & alléguait là-dessus les mœurs des peuples étrangers. Il ajoutait aussi qu'à la lettre toutes choses sont les unes dans les autres, & les unes pour les autres ; qu'il y a de la chair dans le pain, & du pain dans les légumes ; que par rapport aux autres corps, ils ont tous des pores insensibles, dans lesquels s'insinuent des corpuscules détachés & attirés par la respiration. C'est ce qu'il explique dans la Tragédie de Thyeste, si tant est que les tragédies, qui courent sous son nom, soient de lui, & non de Philiscus d'Ægine, un de ses* amis ; ou de Pasiphon, Lucanien, que Phavorin, dans son *Histoire diverse*, dit avoir écrites après la mort de Diogène.

Il négligeait la Musique, la Géométrie, l'Astrologie & autres Sciences de ce genre, comme n'étant ni utiles, ni nécessaires. Au reste il avoit la repartie fort prompte, comme il paraît par ce que nous avons dit.

Il souffrit courageusement d'être vendu. Se trouvant sur un vaisseau qui allait à Ægine, il fut pris par des corsaires, dont Scirpalus étoit le Chef, & fut conduit en Crête, où on le vendit. Comme le Crieur demandait ce qu'il savoit faire, il répondit ; Commander à des hommes. Montrant ensuite un Corinthien, qui avoit une belle bordure à sa veste (c'étoit Xéniade dont nous avons parlé) ; Vendez-moi, dit-il, à cet homme-là, il a besoin d'un Maître. Xéniade l'acheta, & payant mené à Corinthe, il lui donna ses enfants à élever, & lui confia toutes les affaires qu'il administra si bien, que Xéniade disoit par-tout qu'un bon Génie étoit entré chez lui.

Cléomène rapporte, dans son livre de l'Éducation des Enfants, que les amis de Diogène voulurent le racheter ; mais qu'il les traita de gens simples, & leur dit que les lions ne sont point esclaves de ceux qui les nourrissent ; qu'au contraire ils en sont plutôt les maîtres, puisque la crainte est ce qui distingue les esclaves, & que les bêtes sauvages se font craindre des hommes.

Il possédait au suprême degré le talent de la persuasion ; de sorte qu'il gagnait aisément par ses discours tous ceux qu'il voulait. On dit qu'Onésicrite d'Ægine, ayant envoyé à

Athènes le plus jeune de ses deux fils, nommé Androsthène, celui-ci vint entendre Diogène, & resta auprès de lui. Le père envoya ensuite l'aîné, ce même Philiscus dont nous fait mention, & qui fut pareillement retenu. Enfin étant venu lui-même après eux, il se joignit à ses fils, & s'appliqua à la Philosophie, tant Diogène savoit la rendre aimable par ses discours. Il eut aussi pour disciples Phocion, surnommé le Bon, Stilpon de Mégare, & pluaieurs autres, qui furent revêtus d'emplois politiques.

On dit qu'il mourut à l'âge de quatre-vingt-dix-ans, & on parle diversement de sa mort. Les uns croient qu'il mourut d'un épanchement de bile, causé par un pied de bœuf cru qu'il avoit mangé ; d'autres disent qu'il finit sa vie en retenant son haleine. De ce nombre est Cercidas de Mégalopolis, ou de Crête, dans ses Poésies Mimiambes[42]*, où il parle ainsi :*

Cet ancien Citoyen de Sinope, portant un bâton, une robe double, & ayant le ciel pour couverture, est mort sans aucun sentiment de douleur en se serrant les lèvres avec les dents, & en retenant son haleine. Ce qui prouve que Diogène étoit vraiment un fils de Jupiter, & un Chien céleste.

D'autres disent que voulant manger un polype[43] *à des chiens, il y en eut un qui le mordit tellement au nerf du pied, qu'il en mourut. Mais, comme dit Antisthène dans ses Successions, ses amis ont conjecturé qu'il étoit mort en retenant sa respiration. Il demeurait dans un Collège, situé vis-à-vis de Corinthe, & qui s'appelait Cranium. Ses amis, étant venus le voir selon leur coutume, le trouvèrent enveloppé dans son manteau ; mais se doutant qu'il ne dormait pas, par la raison qu'il ne donnait guère de temps au sommeil, il défirent son manteau, & comme ils le trouvèrent expiré, ils crurent qu'il étoit mort volontairement par un désir de sortir de la vie. Il y eut à cette occasion une dispute entre ses amis, pour savoir à qui l'ensevelirait. Ils furent même prêts d'en venir aux mains, jusqu'à ce que leurs père & leurs supérieurs étant survenus, la dispute fut accordée, & Diogène enterré près de la porte qui à l'Isthme. On lui érigea un tombeau, sur lequel on mit un chien de pierre de Paros. Ses concitoyens lui firent même l'honneur de lui élever des statues d'airain, avec cette inscription.*

Le temps consume l'airain ; mais ta gloire, ô Diogène ! dureras dans tous les âges. Tu as seul fait connaître aux mortels le bonheur dont ils peuvent jouir par eux-mêmes, & leur as montré le moyen de passer doucement la vie.

Nous avons aussi fait à sa louange l'épigramme suivante :

Diogène, dis-moi, quel accident t'amène aux Enfers ? C'est la morsure d'un chien féroce.

Il y des Auteurs qui disent qu'en mourant, il ordonna qu'on jetât son corps sans lui donner de sépulture, afin qu'il servît de pâture aux bêtes sauvages ; ou qu'on le mît dans une fosse, couvert d'un peu de poussière. D'autres disent qu'il voulut être jeté dans l'Elisson[44] *pour être utile à ses frères. Demetrius, dans son livre intitulé Équivoques,* dit qu'Alexandre mourut à Babylone le même jour que Diogène à Corinthe[45]. Or il étoit déjà vieux dans la CXIII^e Olympaide.

On lui attribue les ouvrages suivants : Des Dialogues, intitulés Cephalio. Ichthyas. Le Geai. Le Léopard. Le peuple d'Athènes. La République. L'art de la Morale. Des Richesses. De l'Amour. Théodore. Hypsias. Aristarque. De la Mort. Des Lettres. Sept Tragédies, qui sont : Hélene, Thyeste, Hercule, Achille, Médée, Chrysippe, Œdipe. Mais Sosicrate, dans le premier livre de la Succession, & Satyrus, dans le quatrième livre des Vies, assurent, qu'il n'y a aucun de ces ouvrages qui soit de Diogène ; & le dernier des Auteurs, que je viens de citer, donne les Tragédies à Philiscus d'Ægine, ami de Diogène. Sotion, dans son septième livre, dit que nous n'avons de Diogène que les ouvrages qui portent pour titre : De la Vertu. Du Bien. De l'Amour. Le Mendiant. Le Courageux. Le Léopard. Cassandre. Céphalie, Philiscus, Aristarque. Sisyphe. Ganymede. Il y ajoute des Chries & des Lettres.

Il y a eu cinq Diogènes. Le premier étoit d'Apollonie, & fut Physicien. Il commence ainsi son ouvrage : Je crois que la première chose que doit faire un homme qui veut traiter quelque sujet, c'est de poser un principe incontestable. Le second étoit de Sicyone ; il a écrit sur le Péloponnèse. Le troisième est le Philosophe dont nous parlons. Le quatrième fut Stoïcien ; il naquit à Séleucie, & fut appellé Babylonien à cause du voisinage des villes. Le cinquième fut de Tarse ; il a écrit sur des Questions Poétique, qu'il tâche de résoudre. Il faut encore remarquer sur ce Philosophe, qu'Athénodore, dans le huitième livre de ses Promenades, rapporte qu'il avoit toujours l'air luisant, à cause de la coutume qu'il avoit de s'oindre le corps.

1. ↑ L'oracle qu'il reçut étoit : Change la monnaie ; expression allégorique qui signifie, Ne suis point la coutume. Ménage.
2. ↑ C'étoit une charge à Athènes. Voyez le trésor d'Étienne au mot de l'original.
3. ↑ Cela regarde le courage des enfants, qui se faisoient battre à l'envi devant l'autel de Diane. Ménage.
4. ↑ Cela porte sur les jeux de combats, où l'on se donnait des coups de pied, & où l'on faisait des fosses pour les vaincus. Ménage.
5. ↑ Ce passage est obscur dans l'original ; & les Interprêtes ne disent pas grand-chose pour l'éclaircir.
6. ↑ Ménage croit qu'il faut corriger Ménippe.
7. ↑ Sorte de discours roulant sur une sentence on sur quelque trait d'histoire.
8. ↑ C'est-à-dire qu'il étoit fou, comme cela est expliqué quelques lignes plus bas.
9. ↑ On dit qu'on appelait ainsi plusieurs endroits d'Athènes, & entre autres un endroit où on enterrait ceux qui étoient morts à la guerre. Voyez le Trésor d'Etienne.
10. ↑ Il y a dans le grec un chenix, mesure sur laquelle on n'est pas d'accord. Voyez le Thrésor d'Estienne.
11. ↑ C'est un proverbe qui signifie ici : // me semble que les esclaves commandent à leurs maîtres. Voyez les Proverbes d'Érasme, p. 719
12. ↑ On dit que parmi les rites d'adoration étoit celui de se mettre le visage contre terre, en étendant tout le corps. Casaubon.
13. ↑ Nom d'un lien d'exercice à Corinthe.
14. ↑ C'est une raillerie qui faisait allusion à ce que Platon, après avoir été vendu par Denys, étoit retourné en Sicile.
15. ↑ Cela se faisait, afin que la laine fût plus douce. (Note de Ménage, qui cite Varron.)
16. ↑ Jeu de mots sur Athlios, terme grec qui signifie misérable.
17. ↑ Les Hiéromnémones. Etienne dit qu'un appelait spécialement ainsi les députés de chaque ville au Conseil des Amphictyons.
18. ↑ La betterave passoit pour l'emblème de la fadeur. Ménage.

19. ↑ *Espèce de jeu dont les jeunes gens tiroient un augure sur les succès de leurs inclinations. Aldobrandin et Le Thrésor d'Etienne.*
20. ↑ *Légume amer, un peu plus gros qu'un pois.*
21. ↑ *Jeu de mots qui signifie : Vous êtes passé des Jeux Olympiques dans les Pâturages.*
22. ↑ *Libérateurs d'Athènes.*
23. ↑ *Vers d'Homère. Ménage.*
24. ↑ *Vers d'Homère. Ménage.*
25. ↑ *Parodie d'un vers d'Homère. Ménage.*
26. ↑ *Il n'y a point de terme qui réponde à celui de l'original, que le terme barbare de tableté & de tasseté, qu'a employé Fougerolles.*
27. ↑ *Vers d'Euripide, qui signifie ici que le pain commun doit faire place à celui qui est plus exquis. Ménage.*
28. ↑ *Parodie d'un vers d'Homère, qui renferme un jeu de mois qu'on ne sauroit rendre en français. Ménage.*
29. ↑ *Chien de Malte, c'est-à-dire flatteur. Chien Molosse, c'est-à-dire mordant. Ménage*
30. ↑ *Vers du cinquième livre de l'Iliade..*
31. ↑ *On y sacrifiait à Hécate, & on y faisait des dons en action de grâces pour les périls dont on avoit été préservé. Ménage.*
32. ↑ *Voyez sur ces appartements des femmes un passage de Corn. Népos dans sa préface.*
33. ↑ *Le mot grec signifie la ville de Tégée, & un mauvais lieu. Ménage.*
34. ↑ *Vers d'Homere. Ménage*
35. ↑ *Le mot Grec est Cistre. Selon H. Étienne, c'étoit un instrument à vingt-quatre cordes.*
36. ↑ *C'est-à-dire, le contraire des autres.*
37. ↑ *Selon H. Étienne, c'étoit un instrument à vingt cordes.*
38. ↑ *Vers d'Homère*
39. ↑ *Il y a ici un jeu de mots en ce que le même terme signifie une fille & la prunelle*
40. ↑ *C'est ici le grand reproche qu'on fait aux Cyniques. Il n'y a pas moyen d'excuser leur grossièreté, qui allait jusqu'au vice : elle fait voir que toute Philosophie, purement humaine, se ressent du désordre de l'esprit humain.*
41. ↑ *C'est-à dire, Ne suis pas l'esprit de la multitude. Tome II.*
42. ↑ *Certaine mesure, appelée Iambique.*
43. ↑ *Sorte de poisson, qui avoit huit pieds ou nageoires. Voyez le Thrésor d'Étienne.*
44. ↑ *C'est le nom d'un fleuve. Pausanias, Voyage de Corinthe, chap. 12.*

45. ↑ *Diogène passait l'hiver à Athènes, & l'été à Corinthe, au rapport de Dion Chrysostôme, Ménage.*

MONIME.

MONIME, né à Syracuse, fut disciple de Diogene, & domestique d'un certain Banquier de Corinthe, comme le rapporte Sosicrate. Xéniade, qui avoit acheté Diogene, venoit souvent auprès de Monime & l'entretenoit de la vertu de Diogene, de ses actions & de ses discours. Cela inspira tant d'inclination à Monime pour le Philosophe, qu'il affecta d'être tout d'un coup saisi de folie. Il jettoit la monnoie du change & tout l'argent de la banque ; de sorte que son Maître le renvoya. Dès lors, il s'attacha à Diogene, fréquenta aussi Crates le Cynique & autres personnes semblables ; ce qui donna de plus en plus à son Maître lieu de croire qu'il avoit entiérement perdu l'esprit.

Il se rendit fort célèbre ; aussi Ménandre, Poëte comique, parle de lui dans une de ses pièces intitulée *Hippocome*.

MEN. *Ô ! Philon, il y a eu un certain Monime, homme sage, mais obscur, & portant une petite besace.*

PHIL. *Voilà trois besaces, dont vous avez parlé.*

MEN. *Mais il a prononcé une sentence, dont le sens figuré n'a rien de ressemblant, ni à celle-ci,* Page:Diogène

Connais-toi toi-même, *ni aux autres dont on fait tant de cas ; elle leur est fort supérieure. Ce Mendiant, cet homme plein de crasse, a dit que tout ce qui fait le sujet de nos opinions, n'est que fumée*[1]. Monime avoit une fermeté d'esprit qui le portait à mépriser la gloire & à rechercher la vérité seule. Il a composé des ouvrages d'un style gai, mais qui cachait un sens sérieux[2] ; il a aussi donné deux autres ouvrages sur les *Passions*, & un troisième d'*Exhortation*.

---

1. ↑ Grotius rend ces vers tout autrement. Il y a là-dessus une longue note de *Ménage*. Je suis une de celles de *Maiboom*
2. ↑ On dit que c'étoit la manière des Philosophes Cyniques. *Ménage*.

ONÉSICRITE.

I L y a des Auteurs qui veulent qu'Onésicrite naquît à Ægine ; mais Demetrius de Magnésie dit qu'il étoit d'Astypalée[1]. Il fut un des plus célèbres disciples de Diogene.

Il y eut entre lui & Xénophon une espece de conformité en ce que celui-ci fut Capitaine de Cyrus, & celui-là d'Alexandre, en ce que Xénophon traita de l'éducation de Cyrus, & Onésicrite de celle d'Alexandre, en ce que le premier fit l'éloge de Cyrus, & le second le panégyrique d'Alexandre. Onésicrite a même quelque chose d'approchant de Xénophon pour la manière de s'exprimer, excepté qu'il lui est aussi inférieur qu'une copie l'est à l'original.

Diogene eut aussi pour disciples Menandre surnommé, *Drymus* & admirateur d'Homere ; Hégésée de Synope, surnommé *le Colier* ; & Philiscus d'Ægine, dont nous avons fait mention.

1. ↑ Pline en fait une Isle du nombre de celles qu'on appelait *Sporades*, & qu'on dit être des Isles de l'archipel. *Hist. Nat.* Liv.4. ch. 12 & Liv. 8. ch. 39.

CRATES.

CRATES, fils d'Asconde, naquit à Thebes, & fut aussi un illustre disciple du Philosophe Cynique, quoiqu'Hippobote conteste ce fait, & lui donne pour maître Bryson l'Achéen. On lui attribue ces vers burlesque : « Il y a une ville qui se nomme *Besace*, située au milieu d'un sombre faste ; mais belle, opulente, arrosée, n'ayant rien, où n'aborde jamais un insensé parasite, ni un voluptueux qui cherche à se réjouir avec sa Courtisanne. Elle produit du thym, de l'ail, des figues & du pain ; autant de biens, pour lesquels ses habitans ne sont jamais en guerre les uns contre les autres. On n'y prend point les armes, ni par convoitise pour l'argent, ni par ambition pour la gloire. »

On lui attribue aussi ce Journal de dépense : *Il faut donner à un Cuisinier dix mines, à un Médecin une drachme, à un flatteur cinq talens, de la fumée à un homme à conseil, un talent à une Courtisanne, & trois oboles à un Philosophe ;* On l'appelait l'*Ouvreur de portes*, parce qu'il entroit dans toutes les maisons pour y donner des préceptes. Il est auteur de ces vers :

Je possède ce que j'ai appris, ce que j'ai médité, & ce que les Augustes Muses m'ont enseigné ; quant à ces autres biens éclatants, l'orgueil s'en empare. Il disoit qu'il lui étoit revenu de l'étude de la Philosophie *un Chenix*[1]*de lupins & l'avantage de vivre exempt de soucis.* On lui attribue encore d'avoir dit que *l'amour s'apaise, sinon avec le temps, du moins par la faim, & que si l'un & l'autre ne font aucun effet, il faut prendre la résolution de se pendre.*

Au reste il fleurissait vers la CXIII. Olympiade. Antisthène, dans ses *Successions,* dit qu'ayant vu, à la représentation d'un certaine tragédie, Télèphe[2] dans un état fort vil, & tenant une corbeille à la main, il se livra aussitôt à la Philosophie. Philémon, poète comique ; parle de lui en ces termes :

Pour être plus tempérant, il portait l'été un habit fort épais, & l'hiver un vêtement fort léger. Dioclès dit que Diogène lui persuada de céder ses possessions pour servir de pâturage aux brebis, et de jeter dans la mer tout son argent, en cas qu'il en eût. Il dit aussi que la maison de Cratès fut détruite sous Alexandre, & celle d'Hipparchie sous Philippe[3]. Cratès chassa souvent de son bâton quelques-uns de ses parents qui venoient exprès le détourner de son dessein, dans lequel il persista courageusement.

Démétrius de Magnésie rapporte qu'il déposa de l'argent chez un Banquier, à condition qu'il le donnerait à ses enfants, s'ils ignoroient la Philosophie ; mais qu'en cas qu'ils fussent Philosophes, il en ferait présent au public, persuadé qu'étant tels, ils n'auroient besoin de rien. Ératosthène dit qu'il eut un fils d'Hipparchie, de laquelle nous parlerons dans la fuite. Il se nommait *Pasicle*, & lorsqu'il eut passé l'âge de puberté, Cratès le mena chez une servante, & l'avertit que c'étoit le mariage que son père lui avoit destiné. Il ajouta que les adultères devoient s'attendre aux récompenses tragiques de l'exil & des meurtres ; que ceux, qui voyoient des Courtisanes, s'attiroient des censures qui les exposoient à la risée, & que la dissolution & la crapule dégénéroient ordinairement en folie[4].

Cratès eut aussi un frère, nommé *Pasicle*, qui fut disciple d'Euclide, & duquel Phavorin, dans le deuxième livre de ses *Commentaires*, rapporte une chose assez plaisante. Comme il demandait un jour quelque grâce au Principal du Collège, il lui toucha les cuisses, ce que celui-ci ayant trouvé mauvais, l'autre lui dit : *Pourquoi ? Ces membres du corps ne vous appartiennent-ils pas autant que les genoux ?*

Cratès étoit dans le sentiment qu'il est impossible de trouver quelqu'un exempt de faute, & qu'il en est de cela comme de la grenade, où l'on trouve toujours quelque grain pourri. Ayant fâché Nicodrome le joueur de cithre[5], il en reçut un soufflet, dont il se vengea par une tablette qu'il si mit au front avec ces mots : *C'est Nicodrome de qui je le tiens*. Il faisait profession d'injurier les Courtisanes, & s'accoutumait par-là à ne point épargner les reproches. Démétrius de Phalère lui envoya quelques pains avec du vin, il lui fit cette piquante réponse, *qu'il voudrait que les fontaines produisissent du pain,* d'où il paraît qu'il buvait de l'eau. Blâmé des inspecteurs de chemins & des rues d'Athènes de ce qu'il s'habillait de toile : *Je vous ferai-voir Théophraste vêtu de même,* leur répondit-il. Comme ils ne l'en croyoient pas sur parole, il les mena à la boutique d'un barbier, où il le leur montra pendant qu'il se faisait faire la barbe. Tandis qu'à Thèbes il recevait des coups du Principal du Collège, d'autres disent d'Euthycrate à Corinthe, sans s'embarrasser beaucoup du châtiment, il répondit par ce vers : *L'ayant pris par un pied, il le précipita du Temple*[6]. Dioclès dit que celui, qui le traînait par le pied, étoit Ménédème d'Érethrée, homme d'un bel extérieur, & qui passait pour avoir participé aux débauches d'Asclépiade Phliasien. Cratès lui en ayant fait un reproche, Ménédème en fut fâché, & le tira comme nous venons de la dire, lorsqu'il répondit par le vers que nous avons cité.

Zénon de Cittie rapporte dans les *Chries* qu'il cousait quelquefois une peau de brebis à son manteau, sans la tourner de l'autre côté[7]. Il étoit fort dégoûtant pour sa saloperie, & lorsqu'il se préparait à ses exercices, on le tournait en ridicule ; mais il avoit coutume de dire, les mains levées : *Courage, Cratès, comptes sur tes yeux & sur le reste de ton corps. Tu verras ceux, qui se moquent de toi à présent, saisis de maladie, te dire heureux & se condamner eux-mêmes pour leur négligence.* Il disoit qu'il fallait s'appliquer à la Philosophie, *jusqu'à ce qu'on regardât les Généraux d'armée comme n'étant que des conducteurs d'ânes.* Il disoit aussi que ceux, qui se trouvent dans la compagnie des flatteurs, ne sont pas moins abandonnés que les veaux parmi les loups, parce que les uns & les autres, au lieu d'être avec ceux qui leur conviennent, sont environnés de pièges.

À la veille de sa mort, il se chanta à lui-même ces vers : *Tu t'en vas, cher ami, tout courbé ; tu descends aux Enfers, voûté de vieillesse.* En effet il ployait sous le poids des années. Alexandre lui ayant demandé s'il voulait qu'on rétablît sa patrie, il lui répondit : *À quoi cela servirait-il, puisqu'un autre Alexandre la détruirait de nouveau ? D'ailleurs le mépris, que j'ai pour la gloire, & ma pauvreté me tiennent lieu de patrie ; ce sont des biens que la fortune ne peut ravir.* Il finit par dire, *Je suis citoyen de Diogène, qui est au-dessus des traits de l'envie.* Ménandre, dans sa pièce des *Gémeaux,* parle de lui en ces termes : ,, Tu te promèneras avec moi, couvert d'un manteau, aussi-bien que la femme de Cratès le Cynique". Il maria ses filles à des disciples, & les leur confia d'avance pendant trente jours, pour voir s'ils pourroient vivre avec elle, dit le même Auteur.

1. ↑ Mesure, sur laquelle on n'est pas d'accord.
2. ↑ C'est une Tragédie d'Euripide, dans laquelle Télèphe, Roi de Mysie, étoit introduit vêtu en mendiant & tenant une corbeille. *Ménage.*
3. ↑ Le mot de *détruire* est suppléé ; j'ai suivi *Ménage.*
4. ↑ *Ménage* soupçonne qu'il manque quelque chose dans ce passage, il me semble pourtant que le sens suivi.
5. ↑ Je mets le mot Grec, parce qu'on traduit le mot Latin, qui y correspond, par *Luth, Guitare & Harpe.*
6. ↑ Vers d'Homère
7. ↑ La version Latine a traduit ; *sans se mettre en peine qu'on le trouvât laid,* mais les derniers mots ne sont poins dans l'original.

MÉTROCLÈS.

UN des disciples de Cratès fut Métroclès frère d'Hipparchie, mais auparavant disciple de Théophraste le Péripatéticien. Il avoit la santé si dérangée par les flatuosités continuelles auxquelles il étoit sujet, que ne pouvant les retenir pendant les exercices d'étude, il se renferma de désespoir, résolu de se laisser mourir de faim. Cratès le sut, il alla le voir pour le consoler, après avoir mangé exprès des lupins. Il tâcha de lui remettre l'esprit, & lui dit qu'à moins d'une espèce de miracle, il ne pouvait se délivrer d'un accident auquel la nature avoit soumis tous les hommes plus ou moins. Enfin ayant lâché lui-même quelques vents, il acheva de le persuader par son exemple, Depuis lors il devint son disciple & habile Philosophe.

Hécaton, dans le premier livre de ses *Chries,* dit que Métroclès jeta au feu ses écrits, sous prétexte que c'étoient des fruits de rêveries de l'autre monde & de pures bagatelles. D'autres disent qu'il brûla les Leçons de Théophraste, en prononçant ces paroles[1] : *Approche, Vulcain ;* Thétis a besoin de toi. *IL disoit qu'il y a des choses qui s'acquièrent par argent, comme une maison ; d'autres par le temps & la diligence, comme l'instruction. Il disoit aussi que les richesses sont nuisibles, à moins qu'on n'en fasse un bon usage. Il mourut dans un âge avancé, s'étant étouffé lui-même.*

Il eut pour disciples Théombrote & Cléomène, dont le premier instruisit Démétrius d'Alexandrie. Cléomène eut pour auditeur Timarque d'Alexandrie & Échéclès d'Éphèse ; mais celui-ci fut principalement disciple de Théombrote qui forma Ménédème, duquel nous parlerons ci-après. Ménippe de Synope devint aussi un illustre disciple de Théombrote.

1. ↑ C'est un vers d'Homère, *Mer. Casanbon* remarque que les Anciens affectoient de faire allusion dans leurs discours à des vers d'Homère. *Ménage* a ici une note beaucoup moins solide que celle de *Casonbon*.

HIPPARCHIE.

Hipparchie, sœur de Métroclès, l'une & autre de Maronée, se laissa aussi éblouir par les discours du Philosophe Cratès. Elle en aimait tant les propos & la vie, qu'aucun de ceux, qui la recherchoient en mariage, ne put la faire changer. Richesse, noblesse, beauté, rien ne la touchait ; Cratès lui tenait lieu de tout. Elle menaça même ses parents de se défaire elle-même, si on ne la mariait avec lui. Ils s'adressèrent à Cratès, qu'ils prièrent de la détourner de son dessein ; il fit tout ce qu'ils voulurent. Enfin voyant qu'il ne pouvait rien gagner sur elle, il se leva, lui montra la peu qu'il possédait, & lui dit : *Voilà l'époux que vous souhaitez, voilà tous ses biens. Consultez-vous là-dessus ; vous ne pouvez m'épouser, à moins que vous ne preniez la résolution de vous associer à mes études.* Elle accepta le parti, s'habilla comme le Philosophe, & le suivit partout, lui permettant d'en agir publiquement avec elle comme mari, & allant avec lui mendier des repas. Quelque jour Lysimaque en donnait un, elle s'y trouva, & y disputa contre Théodore, surnommé *l'athée,* en lui opposant le Sophisme suivant : *Tout ce que Théodore peut faire sans s'attirer de reproche, Hipparchie le peut aussi, sans mériter qu'on la blâme. Or si Théodore se frappe lui-même, il ne fera injustice à personne ; ainsi, si Hipparchie frappe Théodore, elle n'en commettra envers qui que ce soit.* Théodore ne répondit rien à ce raisonnement, il se contenta de tirer Hipparchie par la jupe, Cette action ne l'émut, ni ne la déconcerta ; & sur ce qu'il lui adressa ensuite ces paroles,,, Qui est cette femme qui a laissé sa navette auprès de sa toile[1] ? ", elle répondit, *C'est moi, Théodore ; mais trouvez-vous que j'aie pris un mauvais parti d'employer à m'instruire le temps que j'aurais perdu à faire de la toile ?* On conte d'elle plusieurs autres traits de cette nature.

Il y a un livre de Cratès, qui porte le titre de *Lettres*, & qui contient une excellente Philosophie, dont le style approche beaucoup de celui de Platon. IL composa aussi des Tragédies, qui renferment des traits de la plus sublime Philosophie, tels que ceux-ci : *Je n'ai dans ma patrie, ni tour, ni toit qui m'appartienne ; mais toutes les villes & les maisons de la terre sont les lieux où je puis habiter*[2].

Il mourut fort vieux, & fut enterré en Béotie.

1. ↑ Vers d'Euripide.
2. ↑ *Ménage* conjecture que tout ce passage sur Cratès se pourrait expliquer d'Hipparchie

Ménippe.

MÉnippe fut Philosophe Cynique, Phénicien d'origine, & esclave, selon Achaïcus dans ses *Discours de Morale*. Dioclès, dit que son Maître étoit de Pont & qu'il s'appelait Bâton ; mais à force de demander & d'amasser de l'argent Ménippe vint à bout d'acheter le droit de Citoyen de Thèbes.

Il n'a rien fait qui soit digne d'éloge. Ses livres ne sont pleins que de bouffonneries, en quoi ils ressemblent à ceux de Méléagre, son contemporain. Hermippe avance qu'il pratiqua l'usure jusqu'à s'attirer le nom *d'Usurier de journée*[1]. Il exerça aussi l'usure navale[2] & prêta sur gages ; de sorte qu'il amassa beaucoup de bien. Mais enfin on lui tendit des pièges ; il perdit tout ce qu'il avoit grappillé, & finit sa vie, en se pendant lui-même de désespoir. Voici des vers satyriques que j'ai composés à son sujet : *Vous connaissez, Ménippe, Phénicien d'origine ; mais de la nature des chiens de Crête, cet Usurier de journée ; c'est ainsi qu'on l'appelait. Vous savez comment sa maison, ayant été formée à Thèbes, il perdit tous ses biens, mais s'il eût bien connu la nature du chien*[3], *se serait-il pendu pour cette raison ?*

Il y a des Auteurs qui croient que les ouvrages, qu'on lui attribue, ne sont pas de lui ; mais de Denys & de Zopyre de

Colophon, qui les firent par amusement, & les lui donnèrent pour les mettre en ordre.

Il y a eu six Ménippes. Le premier, auteur de l'*Histoire des Lydiens* & de l'*Abrégé de Xantbus*. Le second est celui dont nous parlons. Le troisième étoit un Sophiste de Stratonice, originaire de Carie. Le quatrième fut Statuaire. Le cinquième & le sixième furent Peintres. Apollodore a parlé de ces deux derniers.

Ménippe le Cynique a composé treize Volumes d'œuvres, qui sont : *Les Mânes, Des Préceptes, Des Lettres amusantes,* dans lesquelles il introduit les Dieux. *Des Traités sur les Physiciens, les Mathématiciens & les Grammairiens, Sur la Naissance d'Épicure, L'observation de vingtième jour du mois par les Épicuriens,* sans d'autres Écrits sur des matières de ce genre.

1. ↑ C'est-à-dire, qui recevait chaque jour l'usure de ce qu'il avoit avancé. *Aldebrandin.*
2. ↑ Il y a ici des variations. Voyez *Ménage.* On cite aussi les *Pandectes.* Érasme dit qu'on prenait une plus forte usure de ceux qui alloient en mer. *Chil.* 1167.
3. ↑ C'est-à-dire, s'il eût été vrai Philosophe Cynique.

MÉNÉDÈME.

MÉnédème fut disciple de Colotès de Lampsaque. Hippobote dit que son goût pour les prodiges l'avoit rendu si extravagant, que sous la figure de Furie il se promenait, en criant *qu'il étoit venu des Enfers pour observer ceux qui faisoient mal, & pour en faire rapport aux démons à son retour dans ces lieux.*

Voici dans quel équipage il se montrait en public. Il se revêtait d'une robe de couleur foncée, laquelle lui descendait jusqu'aux talons, & qu'il liait d'une ceinture rouge. Il se couvrait la tête d'un chapeau Arcadien[1], où étoient représentés les douze signes du Zodiaque, & la chaussure ressemblait au Cothurne tragique. Il portait une longue barbe, & tenait à la main une baguette de bois de frêne.

Voilà les Vies des Philosophes Cyniques, considérés chacun en particulier. Ajoutons quelque chose des sentiments qu'ils soutenoient en commun ; car nous regardons leur Philosophie comme formant une Secte particulière, & non, ainsi que prétendent quelques-uns, un simple genre de vie. Un de leurs dogmes est donc de retrancher, à l'exemple d'Ariston de Chio, du nombre des connaissances nécessaires tout ce qui regarde la Logique & la Physique, & de ne s'appliquer qu'à la Morale, jusque-là que ce que quelques-uns attribuent à Socrate, Dioclès le fait dire à Diogène. C'est-à-dire qu'il faut s'étudier à connaître ce qui se passe de bon & de mauvais en nous-mêmes. Ils rejettent aussi l'étude des Humanités, & Antisthène dit que *ceux, qui sont parvenus à la sagesse, ne s'appliquent point aux Lettres, pour n'être point distraits par des choses étrangères.* Ils méprisent pareillement la Géométrie, la Musique & autre sciences semblables, puisque Diogène répondit à quelqu'un qui lui montrait un cadran, que *c'étoit une invention fort utile pour ne pas passer le temps de dîner.* Il dit aussi à un autre qui lui faisait voir de la Musique, *qu'on gouverne des villes entières par de bonnes maximes, & qu'on ne parviendra jamais à bien conduire une seule maison par la Musique.*

Les Philosophes Cyniques établissent pour fin, de vivre selon la vertu, comme dit Antisthène dans *Hercule* ; en quoi ils pensent comme les Stoïciens. En effet il y a de l'affinité entre ces deux Sectes ; de là vient qu'on a appelé la Philosophie Cynique *Un chemin abrégé pour arriver à la Vertu.* Ainsi vécut aussi Zénon le Cittien. Ils observent une grande simplicité de vie, ne prennent de nourriture qu'autant qu'elle est nécessaire, & ne se servent d'autre habillement que du manteau. Ils méprisent la richesse, la gloire & la noblesse. Plusieurs ne se nourrissent que d'herbes, & ils ne boivent absolument que de l'eau froide. Ils n'ont de couvert que celui qu'il rencontrent, ne fût-ce qu'un tonneau, à l'imitation de Diogène, qui disoit que *Comme ce qui distingue principalement les Dieux, c'est qu'ils n'ont besoin de rien ; de même celui-là leur ressemble le plus qui fait usage de moins de choses.*

Ils croient, comme dit Antisthène dans *Hercule,* que la vertu se peut apprendre, & que lorsqu'on l'a acquise, elle ne peut se perdre. Ils disent que le Sage est digne d'être aimé, qu'ils ne pèche point, qu'il est ami de celui qui lui ressemble, & qu'il ne se fie nullement à la fortune. Ils appellent *indifférentes* les choses qui sont entre le vice & la vertu ; en quoi ils suivent les sentiments d'Ariston de Chio.

Voilà pour ce qui regarde les Philosophes Cyniques. Venons à présent aux Stoïciens, qui ont eu pour chef Zénon, disciple de Cratès.

1. ↑ C'est-à-dire fort grand. *Ménage.*

Livre VII - Les Stoïciens

- Zénon de Citium
- Ariston
- Hérillos
- Denys
- Cléanthe
- Sphéros
- Chrysippe

LIVRE VII.

ZENON.

Z ENON, fils de Mnasée, ou de Demée, étoit de Cittie en Chypre. C'est une petite ville grecque, où s'étoit établie une Colonie de Phéniciens. Il avoit le cou un peu penché d'un côté, suivant Timothée l'Athénien dans son livre des *Vies*. Apollonius Tyrien nous le dépeint mince de corps, assez haut de taille & basané ; ce qui fut cause que quelqu'un le surnomma *Sarment d'Égypte,* dit Chrysippe dans le premier de ses *Proverbes*. Il avoit les jambes grosses, lâches & foibles ; aussi évitoit-il la plûpart du tems les repas, selon le témoignage de Persée dans ses *Commentaires de Table*. Il aimoit beaucoup, dit-on, les figues vertes, & à se chauffer au soleil.

Nous avons fait mention qu'il eut Cratès pour Maître. On veut qu'ensuite il prit les leçons de Stilpon, & que pendant dix ans il fut auditeur de Xénocrate, au rapport de Timocrate dans *Dion*. Polémon est encore un Philosophe, dont il fréquenta l'école. Hécaton, & Apollonius Tyren, dans le premier livre sur *Zénon,* rapportent que ce Philosophe ayant consulté l'oracle pour savoir quel étoit le meilleur genre de vie qu'il pût embrasser, il lui fut répondu que c'étoit celui qui le feroit converser avec les morts. Il comprit le sens de l'oracle, & s'appliqua à la lecture des Anciens. Voici comment il entra en connaissance avec Cratès. Il avoit négocié de la pourpre en Phénicie, qu'il perdit dans un naufrage près du Pirée. Pour lors déjà âgé de trente ans, il vint à Athènes, où il s'assit auprès de la boutique d'un Libraire, qui lisait le second livre des *Commentaire de Xénophon.* Touché de ce sujet, il demanda où se tenoient ces hommes-là. Le hasard voulut que Cratès vînt à passer dans ce moment. Le Libraire le montra à Zénon, & lui dit : „ Vous n'avez qu'à suivre celui-là". Depuis lors il devint disciple de Cratès ; mais quoiqu'il fût d'ailleurs propre à la Philosophie, il avoit trop de modestie pour s'accoutumer au mépris que les Philosophes Cyniques faisoient de la honte. Cratès, voulant l'en guérir, lui donna à porter un pot de lentilles à la place *Céramique.* Il remarqua qu'il se couvrait le visage de honte, il cassa d'un coup de son bâton le pot qu'il portait ; de sorte que les lentilles se répandirent sur lui. Aussitôt Zénon prit la fuite, & Cratès lui cria : *Pourquoi t'enfuis-tu petit Phénicien ? Tu n'as reçu aucun mal.* Néanmoins cela fut cause qu'il quitta Cratès quelque temps après.

Ce fut alors qu'il écrivit son *Traité de la République,* dont quelques-uns disent, en badinant, qu'il l'avoit composé *sous la queue de Chien*[1]. Il fit aussi d'autre ouvrages ; sur *la Vie, conforme à la Nature* ; sur *les Inclinations,* ou sur la *Nature de l'Homme* ; sur *les Passions* ; sur *le Devoir* ; sur *la Loi,* sur *l'Érudition Grecque* ; sur *la Vue* ; sur *l'Univers* ; sur *les Signes* ; sur *les Sentiments de Pythagore* ; sur *les Préceptes généraux* ; sur *la Diction* ; *cinq Questions sur Homère* ; de la *Lecture des poètes,* outre un *Art de Solutions,* & des *Arguments,* au nombre de deux traités ; des *Commentaires,* & la *Morale de Cratès.* C'est à quoi se réduisent ses œuvres.

Enfin il quitta Cratès, & fut ensuite pendant vingt ans disciple des Philosophes dont nous avons parlé ; à propos de quoi on rapporte qu'il dit, *J'arrivai à bon port lorsque je fis naufrage.* D'autres veulent qu'il se soit énoncé en ces termes à l'honneur de Cratès ; d'autres encore qu'ayant appris le naufrage de ses marchandises pendant qu'il demeurait à Athènes, il dit : *La fortune fait fort bien, puisqu'elle me conduit par là à l'étude de la Philosophie.* Enfin on prétend aussi qu'il vendit ses marchandises à Athènes, & qu'il s'occupa ensuite de la Philosophie.

Il choisit donc le Portique, appelé *Pacile*[2], qu'on nommait aussi *Pisianaetée.* Le premier de ces noms fut donné au Portique à cause des diverses peintures dont Polygnote l'avoit enrichi ; mais sous les trente Tyrans mille quatre cents citoyens y avoient été mis à mort. Zénon, voulant effacer l'odieux de cet endroit, le choisit pour y tenir ses discours. Ses disciples y vinrent l'écoute, & furent pour cette raison appelés *Stoïciens,* aussi-bien que ceux qui suivirent leurs opinions. Auparavant, dit Épicure des ses *Lettres*, on les distinguait sous le nom de *Zénoniens*. On comprenait même antérieurement sous la dénomination de *Stoïciens* les poètes qui fréquentoient cet endroit, comme le rapporte Ératosthène dans le huitième livre de son *Traité de l'Ancienne Comédie* ; mais les disciples de Zénon rendirent ce nom encore plus illustre. Au reste les Athéniens eurent tant d'estime pour ce Philosophe, qu'ils déposèrent chez lui les clefs de leur ville, l'honorèrent d'un couronne d'or & lui dressèrent une statue d'airain. Ses compatriotes en firent autant, persuadés qu'un pareil monument, érigé à un si grand homme, leur serait honorable. Les Cittiens imitèrent leur exemple ; & Antigone lui-même lui accorda sa bienveillance. Il alla l'écouter lorsqu'il vint à Athènes, & le pria avec insistance de venir le voir ; ce qu'il refusa. Zénon lui envoya Persée, l'un de ses amis, fils de Démétrius & Cittien de naissance, qui fleurissait vers la CXXX^e Olympiade, temps auquel le Philosophe étoit déjà sur l'âge. Apollonius de Tyr, dans ses *Écrits sur Zénon*, nous a conservé la lettre qu'Antigone lui écrivit.

Le Roi Antigone au Philosophe Zénon, salut.

„ Du côté de la fortune & de la gloire, je crois que la vie, que je mène, vaut mieux que la vôtre ; mais je ne doute pas que je ne vous sois inférieur, si je considère l'usage que vous faites de la raison, les lumières qui vous sont acquises, & le vrai bonheur dont vous jouissez. Ces raisons m'engagent à vous prier de vous rendre auprès de moi, & je me flatte que vous ne ferez point de difficulté de consentir à ma demande. Levez donc tous les obstacles qui pourroient vous empêcher de lier commerce avec moi. Considérez surtout que non seulement vous deviendrez mon maître ; mais que vous serez en même temps celui de tous les Macédoniens, mes sujets. En instruisant leur Roi, en le portant à la vertu, vous leur donnerez en ma personne un modèle à suivre pour se conduire selon l'équité & la raison, puisque tel est celui qui commande, tels sont ordinairement ceux qui obéissent"

Zénon lui répondit en ces termes :

Zénon au Roi Antigone, salut.

„Je reconnais avec plaisir l'empressement que vous avez de vous instruire & d'acquérir de solides connaissances qui vous soient utiles, sans vous borner à une science vulgaire, dont l"étude n'est propre qu'à dérégler les mœurs. Celui qui se donne à la Philosophie, qui a soin d'éviter cette volupté si commune, si capable d'émousser l'esprit de la jeunesse, anoblit ses sentiments, je ne dis par inclination naturelle, mais aussi par principe. Au reste, quand un heureux naturel est soutenu par l'exercice, & fortifié par une bonne instruction, il ne tarde pas à se faire une parfaite notion de la vertu. Pour moi, qui succombe à la faiblesse du corps, fruit d'une vieillesse de quatre-vingts ans, je crois pouvoir me dispenser de me rendre auprès de votre personne. Souffrez donc que je substitue à ma place quelque-uns de mes Compagnons d'étude, qui me surpassent pour la vigueur du corps. Si vous les fréquentez, j'ose me promettre que vous ne manquerez d'aucun des secours qui peuvent vous rendre parfaitement heureux".

Ceux, que Zénon envoya à Antigone, furent Persée, & Philonide Thébain. Épicure a parlé d'eux, comme d'amis de ce Roi, dans sa lettre à son frère Aristobule[3].

Il me parait à propos d'ajouter ici le Décret que rendirent les Athéniens à l'honneur de Zénon ; le voici.

Décret.

Sous l'Archontat d'Arrenidas, la Tribu d'Acamantis, la cinquième en tour, exerçant le Pritanéat, la troisième dizaine de jours du mois de Septembre, le vingt-troisième du Pritanéat courant, l'Assemblée principale des Présidens a pris ses conclusions sous la présidence d'hippo, fils de Cratistotele, de Xympetéon & leurs Collègues ; Thrason, fils de Thrason du bourg d'Anacaïe, disant ce qui suit :

„ Comme Zénon, fils de Mnasée, Cittien de naissance, a employé plusieurs années dans cette ville à cultiver la Philosophie ; qu'il s'est montré homme de bien dans toutes les autres choses auxquelles il s'est adonné ; qu'Il a exhorté à la vertu & à la sagesse les jeunes gens qui venoient prendre ses instructions ; & qu'il a excité tout le monde à bien faire par l'exemple de sa propre vie, toujours conforme à sa doctrine, le Peuple a jugé, sous de favorables auspices, devoir récompenser Zénon Cittien, fils de Mnasée, & le couronner avec justice d'une Couronne d'or pour sa vertu & sa sagesse. De plus, il a été résolu de lui élever une tombe publique dans la place *Céramique*, cinq hommes d'Athènes étant désignés, avec ordre de fabriquer la Couronne & de construire la tombe. Le présent Décret sera couché par l'Écrivain sur deux Colonnes, dont il pourra en dresser une dans l'Académie, & l'autre dans le Lycée. Les dépenses de ces Colonnes se feront par l'Administrateur des deniers publics, afin que tout le monde sache que les Athéniens honorent les gens de bien, autant pendant leur vie qu'après leur mort". Les personnes, choisies pour la construction de ces monuments, furent Thrason du bourg d'Anacaïe, Philoclès du Pirée, Phèdre du bourg d'Anaplyste, Melon du bourg d'Acharne, Mycythus du bourg de Sypallète, & Dion du bourg de Pæanie.

Antigone de Caryste dit qu'il ne céla point sa patrie ; qu'au contraire, comme il fut un de ceux qui contribuèrent à la réparation du bain, son nom ayant été écrit sur une Colonne de cette manière, *Zénon le Philosophe,* il voulut qu'on y ajoutât le mot *Cittien.* Un jour il prit le couvercle d'un vaisseau où l'on mettait l'huile pour les Athlètes, & après l'avoir creusé, il le porta partout pour y recueillir l'argent qu'il collectait en faveur de son Maître Cratès. On assure que lorsqu'il vint en Grèce, il étoit riche de plus de mille talents, qu'il prêtait à intérêt aux gens qui alloient sur mer.

Il se nourrissait de petits pains, de miel & d'un peu de vin aromatique. Il ne faisait guère d'attention aux filles, & ne se servit qu'une ou deux fois d'une servante, afin de n'avoir pas le nom de haïr les femmes. Lui & Persée habitoient une même maison, où celui-ci ayant quelque jour introduit auprès de lui une joueuse de flûte, il la tira de là & la reconduisit à celui qui la lui avoit envoyée. Il étoit fort accommodant ; aussi le Roi Antigone venait souvent souper chez lui, ou le menait souper chez Aristoclée le Musicien ; liaison à laquelle il renonça dans la suite.

On dit qu'il évitait d'assembler beaucoup de monde autour de lui, & que pour se débarrasser de la foule, il s'asseyait au haut de l'escalier[4]. Il ne se promenait guère qu'avec deux ou trois personnes, & exigeait quelquefois un denier de ceux qui l'entouroient, afin d'écarter la multitude, comme le rapporte Cléanthe dans son Traité de *l'Airain*. Un jour que la presse étoit fort grande, il montra aux assistants la balustrade de bois d'un Autel au haut du Portique, & leur dit : *Autrefois ceci en faisait le milieu ; mais comme on en recevait de l'embarras, on le transposa dans un endroit séparé : de même si vous vous ôtiez du milieu d'ici, vous nous embarrasseriez moins.*

Démochare, fils de Lachès, vint le saluer, & lui demanda s'il avoit quelque commission à lui donner pour Antigone, qui se ferait un plaisir de l'obliger. Ce compliment lui déplut si fort que depuis ce moment il rompit tout commerce avec lui. On rapporte aussi qu'après la mort de Zénon, Antigone dit qu'il avoit perdu en lui un homme qu'il ne pouvait assez admirer, & qu'il envoya Thrason aux Athéniens pour les prier d'enterrer le corps du Philosophe dans la place *Céramique*. On demandait à ce Prince pourquoi il admirait tant Zénon. Il répondit que c'étoit parce que ce Philosophe, malgré les grands présents qu'il avoit reçus de lui, n'en étoit devenu ni plus orgueilleux, ni plus humilié.

Zénon étoit fort curieux, & apportait beaucoup de soin à ses recherches. De là vient que Timon, dans ses *Vers Satyriques*, l'apostrophe en ces termes :

J'ai vu une vieille goulue de Phénicienne à l'ombre de son orgueil, avide de tout ; mais ne retenant rien, non plus qu'un petit panier percé, & ayant moins d'esprit qu'un violon[5].

Il étudiait avec Philon le Dialecticien. Comme étant jeune, il disputait assidûment avec lui, cette fréquentation l'accoutuma à n'avoir pas moins d'admiration pour ce compagnon d'étude que pour Diodore son Maître[6].

Zénon avoit souvent autour de lui des gens mal-propres & mal vêtus ; ce qui donna occasion à Timon de l'accuser qu'il aimait à attrouper tout ce qui se trouvait de gens pauvres & inutiles dans la ville. Il avoit l'air triste & chagrin, ridait le front, tirait la bouche, & paraissait fort grossier. Il étoit d'une étrange lésine, mais qu'il traitait de bonne économie. Il reprenait les gens d'une manière concise & modérée, en amenant la chose de loin. Par exemple, il dit à un homme, fort affecté, qui passait lentement par-dessus un égout, *Il a raison de craindre la boue ; car il n'y a pas moyen de s'y mirer*. Un Philosophe Cynique, n'ayant plus d'huile dans sa fiole, vint le prier de lui en donner. Il lui en refusa, & comme il s'en allait, il lui dit de considérer qui des deux étoit le plus effronté. Un jour qu'Il se sentait de la disposition à la volupté, & qu'il étoit assis avec Cléanthe auprès de Chrémonide, il se leva tout à coup. Cléanthe en ayant marqué de la surprise, *J'ai appris,* dit-il, *que les bons Médecins, ne trouvent point de meilleur remède que le repos contre les inflammations.* Il étoit couché à un repas au-dessus de deux personnes, dont l'une poussait l'autre du pied. S'en étant aperçu, il se mit aussi à pousser de genou, & dit à celui qui se retourna sur lui : *Si cela vous incommode, combien n'incommodez-vous pas votre voisin ?* Un homme aimait beaucoup les enfants. *Sachez,* lui dit Zénon, *que les Maîtres, qui sont toujours avec les enfants, n'ont pas plus d'esprit qu'eux.* Il disait que ceux, dont les discours étoient bien rangés, coulants & sans défaut, ressembloient à la monnaie d'Alexandrie, qui quoique belle & bien marquée, n'en étoit pas moins de mauvais aloi : au-lieu que les propos d'autres, où il n'y avoit ni suite, ni exactitude, étoient comparables aux pièces Attiques de quatre drachmes. Il ajoutait que la négligence surpassait quelquefois l'ornement dans les expressions, & que souvent la simplicité de l'élocution de l'un entraînait celui qui faisait choix de termes plus élevés. Un jour qu'Ariston, son disciple, énonçait mal certaines choses, quelques-unes hardiment, & d'autres avec précipitation : *Il faut croire,* lui dit-il, *que votre père vous a engendré dans un moment d'ivresse.* Il l'appelait *babillard,* avec autant plus de raison qu'il étoit lui-même fort laconique. Il se trouva à dîner avec un grand gourmand qui avalait tout, sans rien laisser aux autres. On servit un gros poisson, il le tira vers lui comme s'il avoit voulu le manger seul, &

l'autre l'ayant regardé, il lui dit : *Si vous ne pouvez un seul jour souffrir ma gourmandise, combien pensez-vous que la vôtre doive journellement déplaire à vos camarades ?* Un jeune garçon faisait des questions plus curieuses que ne comportait son âge. IL le mena vis-à-vis d'un miroir ; *Voyez lui* dit-il, *regardez-vous, & jugez si vos questions sont assorties à votre jeunesse.* quelqu'un trouvoit à redire à plusieurs pensées d'Antisthene. Zénon lui présenta un Discours de Sophocle, & lui demanda s'il ne croyoit pas qu'il contînt de belles & bonnes choses. L'autre repondit qu'il n'en savoit rien. *N'avez vous donc pas honte,* reprit Zénon, *de vous souvenir de ce qu'Antisthene peut avoir mal dit, & de négliger d'apprendre ce qu'on a dit de bon ?* Un autre se plaignoit de la brièveté des discours des Philosophes. *Vous avez raison,* lui dit Zénon ; *il faudroit même, s'il étoit possible, qu'ils abrégeassent jusqu'à leurs syllabes.* Un troisième blâmoit Polémon de ce qu'il avoit coutume de prendre une matiere & d'en traiter une autre. À ce reproche il fronça le sourcil, & lui fit cette réponse : *Il paroît que vous faisiez grand cas de ce qu'on vous donnoit*[Z]. Il disoit que celui, qui dispute de quelque chose, doit ressembler aux Comédiens, avoir la voix bonne & la poitrine forte ; mais ne pas trop ouvrir la bouche ; coutume ordinaire des grands parleurs, qui ne débitent que des fadaises. Il ajoutoit que ceux, qui parlent bien, avoient à imiter les bons Artisans, qui ne changent point de lieu pour se donner en spectacle, & que ceux, qui les écoutent, doivent être si attentifs, qu'ils n'ayent pas le temps de faire des remarques[8]. Un jeune homme, parlant beaucoup en sa présence, il l'interrompit par ces paroles : *Mes oreilles se sont fondues dans ta langue*[9]. Il répondit à un bel homme, qui ne pouvait se figurer que le Sage dût avoir de l'amour : *Il n'y a rien de plus misérable que l'homme qui brille par la beauté du corps.* Il accusait la plupart des Philosophes de manquer de sagesse dans les grandes choses, & d'expérience dans les petites, & qui sont sujettes au hasard. IL citait Daphesius sur ce qu'entendant un de ses disciples entonner un grand air de Musique, il lui donna un coup pour lui apprendre que ce n'est pas dans la grandeur d'une chose que consiste sa bonté ; mais que sa bonté est renfermée dans sa grandeur. Un jeune drôle disputait plus hardiment qu'il ne lui convenait, *Jeune homme,* lui dit Zénon, *je ne te dirai pas ce que j'ai rencontré aujourd'hui.* On raconte qu'un autre jeune homme Rhodien, beau, riche, mais qui n'avoit d'autre mérite de plus, vint se fourrer parmi ses disciples. Zénon, qui ne se souciait pas de le recevoir, le fit d'abord asseoir sur les degrés, qui étoient pleins de poussière, afin qu'Il y salît ses habits. Ensuite il le mit dans la place des pauvres, à dessein d'achever de gâter ses ajustements, jusqu'à ce qu'enfin le jeune homme, rebuté de ces façons, prit le parti de se retirer.

Il disoit que rien ne sied plus mal que l'orgueil, surtout aux jeunes gens, & qu'il ne suffit pas de retenir les phrases & les termes d'un bon discours ; mais qu'il faut s'appliquer à en saisir l'esprit, afin de ne pas le recevoir comme on avale un bouillon, ou quelque autre aliment. Il recommandait la bienséance aux jeunes gens dans leur démarche, leur air & leur habillement, & leur citait fréquemment ces vers d'Euripide sur Capanée.

Quoiqu'il eût de quoi vive, il ne s'enorgueillissait pas de sa fortune ; il n'avoit pas plus de vanité que n'en a un nécessiteux. Zénon soutenait que rien ne rend moins propre aux Sciences que la Poésie, & que le temps étoit de toutes les choses celle dont nous avons le plus besoin. Interrogé sur ce qu'est un ami, il dit que *c'étoit un autre soi-même.* On raconte qu'un esclave, qu'il punissait pour cause de vol, imputant cette mauvaise habitude à sa destinée, il répondit : *Elle a aussi réglé que tu en serais puni.* Il disoit que la beauté est l'agrément[10] de la voix ; d'autres veulent qu'il ait dit que la voix est l'agrément de la beauté. Le Domestique d'un de ses amis parut devant lui, tout meurtri de coups : *Je vois,* dit-il au Maître, *les marques de votre passion.* Examinant quelqu'un qui étoit parfumé, il s'informa qui étoit cet homme qui sentait la femme. Denys *le Transfuge* demandait à Zénon d'où vient qu'il étoit le seul à qui il n'adressât point de corrections ; il répondit que *c'étoit parce qu'il n'avoit point de confiance en lui.* Un jeune garçon parlait inconsidérément : *Nous avons,* lui dit-il, *deux oreilles & une seule bouche, pour nous apprendre que nous devons beaucoup plus écouter que parler.* Il assistait à un repas, où il ne disoit mot ; on voulut en savoir la raison : *Afin,* répondit-il, *que vous rapportiez au Roi qu'il y a ici quelqu'un qui sait se taire.* Il faut remarquer que ceux, à qui il faisait cette réponse, étoient venus exprès de la part de Ptolémée pour épier la conduite du Philosophe & en faire rapport à leur Prince. On demandait à Zénon comment il en agirait avec un homme qui l'accablerait d'injures : *Comme avez un Envoyé que l'on congédie sans réponse,* répliqua-t-il. Apollonius Tyrien rapporte que Cratès le tira par son habit pour l'empêcher de suivre Stilpon, & que Zénon lui dit : *Cratès, on ne peut bien prendre les Philosophes que par l'oreille, Quand vous m'aurez persuadé, tirez-moi par là ; autrement si vous me faites violence, je serai bien présent de corps auprès de vous, mais j'aurai l'esprit auprès de Stilpon.*

Hippobote dit qu'il conversa avec Diodore, sous lequel il s'appliqua à la Dialectique. Quoiqu'il y eût déjà fait de grands progrès, il ne laissoit pas, pour dompter son amour propre, de courir aux instructions de Polémon. On raconte qu'à cette occasion celui-ci lui dit : „En vain, Zénon, vous vous cachez ; nous savons que vous vous glissez ici par les portes de notre jardin pour dérober nos Dogmes, que vous habillez ensuite à la Phénicienne[11]". Un dialecticien lui montra sept idées de Dialectique dans un Syllogisme, appellé *mesurant*[12]. Il lui demanda ce qu'il en voulait, & l'autre en ayant exigé cent drachmes, il en paya cent de plus, tant il étoit curieux de s'instruire.

On prétend qu'il est le premier qui employa le mot de *devoir,* & qu'il en fit un Traité. Il changea aussi deux vers d'Hérode de cette manière : *Il faut approuver celui, qui s'instruit, de ce qu'il entend dire de bon, & plaindre celui qui veut tout apprendre par lui-même*[13]. Il croyait en effet que tel, qui prêtait attention à ce que l'on disoit, & savoit en profiter, étoit plus louable que tel autre qui devait toutes ses idées à ses propres méditations, parce que celui-ci ne faisait paraître que de l'intelligence, au-lieu que celui-là, en se laissant persuader, joignait la pratique à l'intelligence. On lui demandait pourquoi lui, qui étoit si sérieux, s'égayait dans un repas. *Les lupins*, dit-il, *quoiqu'amers, perdent leur amertume dans l'eau.* Hécaton, dans le deuxième livre de ses *Chries*, confirme qu'Il se relâchait de son humeur dans ces sortes d'occasions, qu'il disoit qu'il valait mieux choir par les pieds que par la langue, & que quoiqu'un chose ne fût qu'à peu près bien faite, elle n'en étoit pas pour cela une de peu d'importance. D'autres donnent cette pensée à Socrate.

Zénon, dans sa manière de vivre, pratiquait la patience & la simplicité. Il se nourrissait de choses qui n'avoient pas besoins d'être cuites, & s'habillait légèrement. De là vient ce qu'on disoit de lui, que *ni les rigueurs de l'hiver, ni les pluies, ni l'ardeur du soleil, ni les maladies accablantes, ni tout ce qu'on estime communément, ne purent jamais vaincre sa constance, laquelle égala toujours l'assiduité avec laquelle il s'attacha jour & nuit à l'étude.*

Les poètes comiques même n'ont pas pris garde que leur traits envenimés tournoient à la louange, comme quand Philémon lui reproche dans une *Comédie aux Philosophes* :

Ses mets sont des figues, qu'il mange avec du pain ; sa boisson est l'eau claire. Ce genre de vie s'accorde avec une nouvelle Philosophie qu'il enseigne, & qui consiste à endurer la faim ; encore ne laisse-t-il pas de s'attirer des disciples.

D'autres attribuent ce vers à Posidippe. Au reste il est même presque passé en proverbe de dire : *Plus tempérant que le Philosophe Zénon.* Posidippe, dans sa Pièce intitulée, *Ceux qui ont changé de lieu,* dit : *Dix fois plus sobre que Zénon.*

En effet il surpassait tout le monde, tant du côté de la tempérance & de la gravité, qu'à l'égard de son grand âge, puisqu'il mourut âgé de quatre-vingt-dix-huit ans qu'il passa heureusement sans maladie, quoique Persée, dans ses *Recréations Morales,* ne lui donne que soixante-et-douze ans au temps de son décès. Il en avoit vingt-deux lorsqu'Il vint à Athènes, & présida à son école cinquante-huit ans, à ce que dit Apollonius. Voici quelle fut sa fin. En sortant de son école, il tomba & se cassa un doigt. Il se mit alors à frapper la terre de sa main, & après avoir proféré ce vers de la *Tragédie* de Niobé, *Je viens, pourquoi m'appelles-tu ?* il s'étrangle lui-même. Les Athéniens l'enterrèrent dans la place *Céramique,* & rendirent témoignage à sa vertu, en statuant à son honneur le décret dont nous avons parlé. L'épigramme suivante est celle qu'Antipater de Sidon composa à sa louange.

Ci-gît Zénon, qui fit les délices de Cittie sa patrie. Il est monté dans l'Olympe, non en mettant le mont Ossa sur le mont Pélion ; car ces travaux ne sont pas des effets de la vertu d'Hercule. La sagesse seule lui a servi de guide dans la route qui mène sans détour au Ciel.

Celle-ci est de Zénodote le Stoïcien, disciple de Diogène.

Zénon, toi dont le front chauve fait le plus bel ornement, tu as trouvé l'art de se suffire à soi-même dans le mépris d'une vaine richesse. Auteur d'une science mâle, ton génie a donné naissance à une secte, qui est la mère d'une courageuse indépendance. L'envie ne peut même te reprocher d'avoir eu la Phénicie pour patrie. Mais ne fut-elle pas celle de Cadmus, à qui la Grèce est redevable de la source où elle a puisé son érudition ? Athenée, poète Épigrammatiste, en a fait une sur tous les Stoïciens en général ; la voici :

Ô vous ! Auteurs des maximes stoïciennes, vous dont les saints ouvrages contiennent les plus excellentes vérités, que vous avez raison de dire que la vertu est le seul bien de l'âme ! Elle seule protège la vie des hommes, & garde les cités. Si d'autres regardent la volupté corporelle comme leur dernière fin ; ce n'est qu'une des Muses qui le leur a persuadé[14] Aux particularités de la mort du Philosophe j'ajouterai des vers de ma façon, insérés dans mon Recueil de vers de toutes sortes de mesures.

On varie sur le genre de mort de Zénon de Cittie. Les uns veulent qu'il finît sa vie, épuisé d'années ; les autres soutiennent qu'il la perdit pour s'être privé de nourriture, quelques autres encore prétendent que s'étant blessé par une chute, il frappa la terre de sa main & dit : „Je viens de moi-même, Ô mort ! pourquoi m'appelles-tu ? "

En effet il y a des Auteurs, qui assurent qu'il mourut de cette dernière manière, & voilà ce qu'on a à dire sur la mort de ce Philosophe. Démétrius de Magnésie, dans son livre *des Poètes de même nom,* rapporte que Mnasée, père de Zénon, allait souvent à Athènes pour son négoce ; qu'il en rapportait des ouvrages philosophique des disciples de Socrate ; qu'Il les donnait à son fils ; que celui-ci, qui n'étoit encore qu'un enfant, prenait déjà dès lors du goût pour la Philosophie ; que cela fut cause qu'Il quitta sa patrie e vint à Athènes, où il s'attacha à Cratès. Le même Auteur ajoute qu'il est vraisemblable qu'il mit fin aux erreurs où l'on étoit tombé au sujet des Énonciations[15]. On dit aussi qu'il jurait par le Câprier[16], comme Socrate par le Chien. Il y a cependant des Auteurs, du nombre desquels est Cassius le *Pyrrhonien,* qui accusent Zénon, premièrement de ce qu'au commencement de sa *République* il avance que l'étude des Humanités est inutile ; en second lieu de ce qu'il déclare esclaves & étrangers, ennemis les uns des autres, tous ceux qui ne s'appliquent pas à la vertu, sans même exclure les parents à l'égard de leurs enfants, les frères à l'égard de leurs frères, & les proches, les uns à l'égard des autres. Ils l'accusent de plus d'assurer dans sa *République* qu'il n'y a que ceux, qui s'adonnent à la vertu, à qui appartienne réellement la qualité de parents, d'amis, de citoyens & de personnes libres ; de sorte que les Stoïciens haïssent leurs parents & leurs enfants qui ne font pas profession d'être sages. Un autre grief est d'avoir enseigné, comme Platon dans sa *République,* que les femmes doivent être communes, & d'avoir insinué dans un ouvrage, qui contient deux cents versets[17], qu'il ne faut avoir dans les villes ni Temples, ni Tribunaux de justice, ni Lieux d'exercice ; qu'il est à propos de ne pas se pourvoir d'argent, soit pour voyager, ou pour faire des échanges ; que les hommes & les femmes doivent s'habiller uniformément, sans laisser aucune partie du corps à découvert.

Chrysippe, dans son livre sur *la République*, atteste que celui de Zénon sous le même titre est de la composition de ce Philosophe. Il a aussi écrit sur l'amour dans le commencement d'un ouvrage, intitulé, de *l'Art d'aimer*. Il traite encore de pareils sujets dans ses *Conversations*, Quelques-uns de ces reproches, qu'on fait aux Stoïciens, se trouvent dans Cassius & dans le Rhéteur Isidore, qui dit, que le Stoïcien Athénodore, à qui on avoit confié la garde de la bibliothèque de Pergame, biffa des livres des Philosophes de la Secte tous les passages dignes de censure ; mais qu'ensuite ils furent restitués lorsqu'Athénodore, ayant été découvert, courut risque d'en être puni[18]. Voilà pour ce qui regarde les dogmes qu'on condamne dans les Stoïciens.

Il y a eu huit Zénons. Le premier est celui d'Élée, duquel nous parlerons ci-après. Le second est le Philosophe dont nous avons décrit la Vie. Le troisième, natif de Rhodes, a donné en un volume l'Histoire de son pays. Le quatrième, Historien, a traité de l'expédition de Pyrrhus en Italie & en Sicile, outre un Abrégé, qu'on a de lui, des Faits des Romains & des Carthaginois. Le cinquième, disciple de Chrysippe, a peu écrit, mais a laissé beaucoup de disciples.

Le sixième, qui fut Médecin de la Secte d'Hérophile, avoit du génie, mais peu de capacité pour écrire. Le septième, Grammairien, a composé des Épigrammes & d'autres choses, Le huitième, natif de Sidon & Philosophe Épicurien, avoit tout à la fois de l'esprit & du talent pour l'élocution.

Zénon eut beaucoup de disciples, dont les plus célèbres furent Persée Cittien, & fils de Démetrius. Quelques-uns le font ami, d'autres domestique de Zénon, & l'un de ceux qu'Antigone lui avoit envoyés pour l'aider à écrire. On dit aussi que ce Prince lui confia l'éducation de son fils Alcyonée, & que voulant sonder ses sentiments, il lui fit porter la fausse nouvelle que les ennemis avoient ravagé ses terres. Comme Persée en témoignait du chagrin,,,Vous voyez, lui dit Antigone, que les richesses ne sont pas indifférentes". On lui attribue les ouvrages suivants : *De la Royauté. De la République de Lacédemone. Des Noces. De l'Impiété. Thyeste. De l'Amour. Des Discours d'exhortation. Des Conversations. Quatre Discours*, intitulés, *Chries. Des Commentaires, & sept Discours sur les Lois de Platon.*

Zénon eut encore pour disciples Ariston de Chio, fils de Miltiade, lequel introduisit le dogme de l'Indifférence[19] ; Herille de Carthage qui établissait la science pour fin ; Denys d'Heraclée, qui changea de sentiment pour s'abandonner à la volupté, à cause d'un mal lui survenu aux yeux, dont la violence ne lui permettait plus de soutenir que la douleur est indifférente ; Spherus, natif de Bosphore ;

Cléanthe d'Asse, fils de Phanius, qui succéda à l'école de son Maître. Zénon avoit coutume de le comparer à ces tablettes enduites de cire forte, sur lesquelles les caractères se tracent avec peine ; mais s'y conservent plus longtemps. Au reste après la mort de Zénon, Spherus devint disciple de Cléanthe, dans la Vie duquel nous nous réservons de parler de ce qui le regarde personnellement. Hippobote range au nombre des disciples de Zénon Athénodore de Soles, Philonide de Thèbes, Calippe de Corinthe, Posidonius d'Alexandrie & Zénon de Sidon.

J'ai cru qu'il étoit à propos d'exposer en général les dogmes des Stoïciens dans la Vie particulière de Zénon, puisqu'il en a institué la Secte. Nous avons une liste de ses ouvrages, qui sont plus savants que ceux de tous ses sectateurs. Voici les sentiments qu'ils tiennent en commun ; nous les rapporterons sommairement à notre ordinaire.

Les Stoïciens divisent la Philosophie en trois parties ; en Physique, Morale, & Logique. Cette division, faite premièrement par Zénon le Cittien dans son Traîté de Discours, a été ensuite adoptée par Chrysippe dans la première partie de sa *Physique,* par Apollodore Ephillus[20] dans le premier livre de son *Introduction aux Opinions,* par Eudromus dans ses *Éléments de Morale,* par Diogène de Babylone & par Psidonius. Apollodore donne à ces diverses parties de la Philosophie le nom de *Lieux,* Chrysippe & Eudromus celui *d'Espèces* ; d'autres les appellent *Genres.* Il comparent la Philosophie à un Animal, dont ils disent que les os & les nerfs sont la Logique, les chairs la Morale, &

l'âme la Physique. Ils la mettent aussi en parallèle avec un œuf, dont ils appliquent l'extérieur à la Logique, ce qui suit à la Morale, & l'intérieur à la Physique. Ils emploient encore la comparaison d'un champ fertile, dont ils prennent figurément la haie pour la Logique, les fruits pour la Morale, & la terre ou les arbres pour la Physique. D'autres se représentent la Philosophie comme une Ville bien entourée de murailles & sagement gouvernée, sans donner la préférence à aucune des trois parties. Quelques-uns même parmi eux les prennent pour un mélange qui consiste un corps de science, & les enseignent indistinctement comme mêlées ensemble.

Il y en a qui, ainsi que Zénon dans son livre du *Discours*, Chrysippe, Archédème & Eudromus, admettent la Logique pour la première, la Physique pour la seconde & la Morale pour la troisième. Diogène de Ptolemaïs commence par la Morale, & Apollodore la place dans le second rang. Phanias, au premier livre des *Amusements de Posidonius*, dit que ce Philosophe son ami, de même que Panétius, commencent par la Physique. Des trois parties de la Philosophie Cléanthe en fait six, la Dialectique, la Rhétorique, la Morale, la Politique, la Physique & la Théologie. D'autres sont du sentiment de Zénon de Tarse, qui regarde ces parties, non comme une division de discours ; mais comme différentes branches de la Philosophie elle-même.

La plupart partagent la Logique en deux sciences, dont l'une est la Rhétorique, & l'autre la Dialectique, à quoi quelques-uns ajoutent une espèce de science définie, qui a pour objet les règles & les jugements ; mais que quelques autres divisent de nouveau, en tant que concernant les règles & les jugements, elle conduit à découvrir la vérité, à laquelle ils rapportent la diversité des opinions. Ils se servent de cette science définie pour reconnaître la vérité, parce que c'est par les idées qu'on a des choses, que se conçoivent les choses mêmes. Les Stoïciens appellent la Rhétorique *L'Art de bien dire & de persuader*, & nomment la Dialectique *La méthode de raisonner proprement par demandes & réponses* ; aussi la définissent-ils de cette manière : *La science de connaître le vrai & le faux, & ce qui n'est ni l'un ni l'autre*[21]. Ils assignent à la Rhétorique trois parties, qui consistent à délibérer, à juger & à démontrer. Ils y distinguent l'invention, l'expression, l'arrangement, l'action, & partagent un discours oratoire en exorde, narration, réfutation & conclusion. Ils établissent dans la Dialectique une division en choses dont la figure porte la signification, & en d'autres dont la connaissance gît dans la voix[22], celles-ci étant encore divisées en choses déguisées sous la fiction & dont le sens dépend de termes propres d'attributs & d'autres choses semblables, de genres & d'espèces directes, de même que du discours, des modes & des syllogisme, tant de ceux de mots que de ceux de choses, tels que les arguments *vrais & faux*, les *négatifs* & leurs pareils, les *défectueux*, les *ambigus*, les *concluants*, les *cachés* & les *cornus*, les *impersonnels* & les *mesurants*[23]. *Suivant ce que nous venons de dire de la voix, ils en font un lieu particulier de la Dialectique, fondés sur ce que par l'articulation on démontre certaines parties du raisonnement, les solécismes, les barbarismes, les vers, les équivoques, l'usage de la voix dans le chant, la Musique, & selon quelques-uns, les périodes, les divisions & les distinctions.*

Ils vantent beaucoup les Syllogismes pour leur grande utilité, en ce qu'aiguisant l'esprit, ils leur ouvrent le chemin aux démonstrations, qui contribuent beaucoup à rectifier les sentiments. Ils ajoutent que l'arrangement & la mémoire aident à débrouiller de savantes propositions majeures[24] ; que ces sortes de raisonnements sont propres à forcer le consentement & à former des conclusions ; que le Syllogisme est un discours raisonné & fondé sur ces principes ; la démonstration, un discours où l'on rassemble tout ce qui tend à inférer des choses qui sont plus connues, des conséquences pour les choses qui le sont moins ; l'imagination[25], une impression dans l'âme, par comparaison de l'empreinte d'un anneau sur la cire. Selon eux, il y a deux sortes d'imaginations ; celles que l'on saisit, & celles qu'on ne peut saisir[26]. Les imaginations de la première espèce, à laquelle ils rapportent la connaissance des choses, sont produites par un objet existant, dont l'image s'imprime suivant ce qu'il est en effet. Les imaginations de l'autre espèce ne naissent point d'un objet qui existe, ou dont, quoique existant, l'esprit ne reçoit pas d'impression conforme à ce qu'il est réellement.

Les Stoïciens tiennent la Dialectique pour une science absolument nécessaire, laquelle, à leur avis, comprend la vertu en général & tous ses degrés en particulier ; la circonspection à éviter les fautes, & à savoir quand on doit acquiescer, ou non ; l'attention à suspendre son jugement, & à s'empêcher qu'on ne cède à la vraisemblance ; la résistance à la conviction, de crainte qu'on ne se laisse enlacer par les arguments contraires ; l'éloignement pour la fausseté, & l'assujettissement de l'esprit à la saine raison. Ils définissent la science elle-même, ou une compréhension certaine, ou une disposition à ne point s'écarter de la raison dans l'exercice de l'imagination. Ils soutiennent que le Sage ne saurait faire un bon usage de la raison sans le secours de la Dialectique ; que c'est elle qui nous apprend à démêler le vrai & le faux, à discerner les vraisemblable, & à développer ce qui est ambigu ; qu'indépendamment d'elle, nous ne saurions ni proposer de solides questions, ni rendre de pertinentes réponses ; que ce dérèglement dans le discours s'étend jusqu'aux effets qu'il produit, de manière que ceux, qui n'ont pas soin d'exercer leur imagination, n'avancent que des absurdités & des vétilles ; qu'en un mot ce n'est qu'à l'aide de la Dialectique que le Sage peut se faire un fond de sagacité, de finesse d'esprit & de tout ce qui donne du poids aux discours, puisque le propre du Sage est de bien parler, de bien penser, de bien raisonner sur un sujet, & de répondre solidement à une question ; autant de choses qui appartiennent à un homme versé dans la Dialectique. Voilà en abrégé ce que pensent ces Philosophes sur les parties qui entrent dans la Logique. Mais pour dire encore en détail ce qui touche leur science introductrice, nous rapporterons mot à mot ce qu'en dit Dioclès de Magnésie dans sa *Narration sur les Philosophes*.

Les Stoïciens traitent premièrement de ce qui regarde l'entendement & les sens, en tant que le moyen, par lequel on parvient à connaître la vérité des choses, est originairement l'imagination, & en tant que l'acquiescement ; la compréhension & l'intelligence des choses, qui va devant tout le reste, ne peuvent se faire sans l'opération de cette faculté. C'est elle qui précède ; ensuite vient l'entendement, dont la fonction est d'exprimer par le discours les idées qu'il reçoit de l'imagination.

Au reste elle diffère d'une impression fantastique. Celle-ci n'est qu'une opinion de l'esprit comme sont les idées qu'on a dans le sommeil ; au-lieu que l'autre est une impression dans l'âme, qui emporte un changement, comme l'établit Chrysippe dans son douzième livre de l**Âme** : *car il ne faut point considérer cette impression comme si elle ressemblait à celle que fait un cachet, parce qu'il est impossible qu'il se fasse plusieurs impressions par une même chose sur le même sujet. On entend par* **imagination,** *celle produite par un objet existant, imprimée & scellée dans l'âme de la manière dont il existe ; or telle n'est pas l'imagination qui naîtrait d'un objet non-existant. Les Stoïciens distinguent les impressions de l'imagination en celles qui sont sensibles, & celles qui ne le sont point. Les premières nous viennent par le sens commun*[27]*, ou par les organes particuliers* *des sens. Les impressions non-sensibles de l'imagination sont formées par l'esprit, comme sont les idées des choses incorporelles, & en général de celles dont la perception est l'objet de la raison. Ils ajoutent que les impressions sensibles se font par des objets existants, auxquels l'imagination se soumet & se joint, & qu'il y a aussi des impressions apparentes de l'imagination, qui se font de la même manière que celles qui naissent d'objets existants. Ils distinguent aussi ces impressions en raisonnables & non-raisonnables, dont les premières sont celles des êtres doués de raison ; les secondes celles des animaux qui n'en ont point. Celles-là, ils les appellent des* **pensées**, *& ne donnent point de nom aux secondes. Ils distinguent encore les impressions de l'imagination en celles qui renferment de l'Art, & celles où il ne s'en trouve pas, parce qu'une image fait une autre impression sur un Artiste que sur un homme qui ne l'est point. La sensation, suivant les Stoïciens, est un principe spirituel, qui, tirant son origine de la partie principale de l'âme, atteint jusqu'aux sens. Ils entendent aussi par là les perceptions qui se font par les sens, & la disposition des organes des sens, à laquelle ils attribuent la faiblesse d'esprit qui paraît dans quelques-uns. Ils nomment aussi sensation laction des sens.*

Au sentiment de ces Philosophes, il y a des choses que l'on comprend par les sens ; c'est ainsi qu'on discerne ce qui est blanc d'avec ce qui est noir, & ce qui est rude d'avec ce qui est mou. Il y en a aussi d'autres que l'on conçoit par la raison ; telles sont les choses qu'on assemble par la voie de la démonstration, comme celles qui regardent les Dieux & leur providence.

Ils disent que l'entendement connaît de différentes manières les choses qu'il aperçoit ; les unes par incidence ; les autres par ressemblance ; d'autres par analogie, d'autres encore par transposition ; celles-ci par composition, celles-là par opposition. Par incidence il connaît les choses sensibles ; par ressemblance, les choses dont l'intelligence dépend d'autres qui leur sont adjointes : c'est ainsi qu'on connaît Socrate par son image. L'analogie fait connaître les choses qui emportent augmentation, comme l'idée de Titye & le Cyclope, & celles qui emportent diminution, comme l'idée de Pygmée : c'est aussi par une analogie, tirée des plus petits corps sphériques, qu'on juge que la terre a un centre. L'esprit pense par transposition lorsque par exemple, on suppose des yeux dans la poitrine ; par composition, comme quand on se figure un homme demi-cheval ; par opposition, relativement à la mort. On pense par translation aux choses qu'on a dites, ou au lieu ; à ce qui est juste & bon, par une action de la Nature ; enfin on pense par privation, comme quand on se représente un homme sans mains. Voilà encore quelques-unes de leurs opinions sur l'imagination, les sens & l'entendement.

Ces Philosophes établissent pour source de la vérité, ou pour moyen de la connaître, l'imagination comprenant, ou saisissant son objet ; c'est-à-dire, recevant les impressions d'un objet existant, comme le remarquent Chrysippe, livre douzième de sa *Physique,* Antipater & Apollodore. Il est vrai que Boethus admet plus de sources de la vérité, l'entendement, les sens, les affections & la science ; mais Chrysippe, dans son premier livre du *Discours,* s'éloigne de son sentiment, & ne reconnaît d'autres sources de la vérité que les sens & les notions communes. Ces dernières sont une idée naturelle des choses universelles. Quelques autres des plus anciens Stoïciens dérivent de la droite raison la source de la vérité, témoin Posidonius dans son Traité sur cette matière.

Suivant l'avis unanime de plus grand nombre des Stoïciens, la première partie de l'étude de la Dialectique est l'usage de la voix, qu'ils définissent *un Air frappé,* ou, comme dit Diogène de Babylone dans son *Système de l'Ouïe,* l'objet particulier de ce sens. La voix des animaux n'est qu'un effort qui frappe l'air ; mais celle des hommes est articulée, & tout-à-fait formée à l'âge de quatorze ans ou environ. Diogène la nomme *un effet de la volonté de l'esprit.* La voix est aussi quelque chose de corporel selon les Stoïciens, remarquent Archedème dans son *Traité de la Voix,* Diogène, Antipater & Chrysippe dans la deuxième partie de sa *Physique ;* car tout ce qui produit quelque action est corporel[28], & la voix en produit une, en se transportant de ceux qui parlent à ceux qui écoutent. La parole, comme le rapporte Diogène, est, dans l'opinion des Stoïciens, la voix articulée, comme serait cette expression, *Il fait jour.* Le discours est la voix poussée par une action de la pensée, & donnant quelque chose à entendre. La dialecte est l'expression de la parole, considérée en tant qu'elle porte un certain caractère, soit étranger, soit Grec, ou une expression, quelle qu'elle soit, envisagée dans la manière dont elle est conçue, comme, par exemple, le terme de *Mer* en idiome Attique, & celui de *Jour* en dialecte Ionique. Les éléments de la parole sont les lettres, au nombre de vint-quatre. On considère trois choses par rapport à chacune, sa qualité d'élément, sa figure & son nom, comme *Alpha*. Il y a sept voyelles, a, e, ee, i, o, u, oo, & six muettes, b, g, d, k, p, t. La voix diffère de la parole en ce qu'un son fait aussi une voix, & que la parole est un son articulé. La parole diffère aussi du discours, en ce qu'un discours signifie toujours quelque chose ; au lieu qu'il y a des paroles qui n'emportent point de signification, comme ferait le mot *Blitri* ; ce qui n'a jamais lieu par rapport au discours. Il y a aussi de la différence entre les idées de parler & de proférer quelque chose ; car on ne profère que le sons, au lieu qu'on parle des actions, de celles du moins qui peuvent être un sujet de discours.

Diogène, dans son *Traité de la voix*, ainsi que Chrysippe, font cinq parties du discours, le nom, l'appellation, le verbe, la conjonction & l'article ; mais Antipater y en ajoute une moyenne dans son ouvrage *sur les Dictions & les choses qui se disent*. Selon Diogène, l'appellation est une partie du discours, qui signifie une qualité commune, comme celle d'*homme*, ou de *cheval* ; le nom, une partie du discours donnant à connaître une qualité particulière, comme *Diogène*, *Socrate* ; le verbe, une partie du discours, qui désigne un attribut simple, ou selon quelques-un, un élément indéclinable du discours, & qui signifie quelque chose de composé par rapport à un, ou à plusieurs, comme *J'écris*, ou *Je parle* ; la conjonction, une partie indéclinable, qui unit les diverses parties du discours ; l'article, un élément du discours qui a les cas des déclinaisons, & qui distingue les genres des noms & les nombres, comme *il, elle, ils, elles*.

Le discours doit avoir cinq ornements, l'hellénisme, l'évidence, la brièveté, la convenance & la grâce. Par l'hellénisme on entend une diction exempte de fautes, conçue en termes d'art, & non vulgaires ; l'évidence, une expression distincte & qui expose clairement la pensée ; la brièveté renferme une manière de parler qui embrasse tout ce qui est nécessaire à l'intelligence d'une chose. La convenance requiert que l'expression soit appropriée à la chose dont on parle. La grâce du discours consiste à éviter les termes ordinaire[29]. Le barbarisme est une manière de parler vicieuse, & contraire à l'usage des Grecs bien élevés ; le solécisme, un discours, dont les parties sont mal arrangées. Le vers, dit Posidonius dans son *Introduction à la Diction*, est une façon de parler mesurée, une composition nombrée & puisée des règles de la prose. Ils donnent, pour exemple de rythme, ces mots suivants : *L'immense Terre, Le divin Ether*. La poésie est un ouvrage significatif en vers, & qui renferme une imitation des choses divines & humaines.

La définition est, comme dit Antipater dans le premier lvre de ses *Définitions,* un discours exprimé suivant une exacte analyse, ou même une explication, selon Chrysippe dans son livre sur cette matière. La description est un discours figuré qui conduit aux matières, ou une définition plus simple, qui exprime la force de la définition. Le genre est une collection de plusieurs idées de l'esprit, conçues comme inséparables ; telle est l'idée d'*animal,* laquelle comprend celle de toutes les espèces d'animaux particuliers. Une idée de l'esprit est un être imaginaire, formé par la pensée, & qui n'a pour objet aucune chose qui est ou qui agit, mais qui la considère comme si elle étoit, ou comme si elle agissait d'une certaine manière : telle est la représentation qu'on se fait d'un cheval, quoiqu'il ne soit pas présent. L'espèce est comprise sous le genre, comme l'idée d'*homme* est comprise sous l'idée d'*animal. Plus général* est ce qui, étant genre, n'a point de genre au-dessus de lui, comme l'idée d'*existant. Plus spécial* est ce qui étant espèce, n'a point d'espèce au-dessous de lui, comme *Socrate.*

La division a pour objet le genre distingué dans les espèces qui lui appartiennent, comme cette phrase, *Parmi les animaux les uns sont raisonnables, les autres privés de raison.* La contre division se fait du genre dans les espèces à rebours, comme par voie de négation ; par exemple dans cette période, *Des choses qui existent, les unes sont bonnes, les autres ne le sont point.* La sous-division est la division de la division, comme dans cet exemple, *Des choses qui existent, les unes sont bonnes, les autres point, & parmi celles qui ne sont as bonnes, les unes sont mauvaises, les autres indifférentes.* Partager, c'est ranger les genres suivant leurs lieux, comme dit Crinis ; tel est ce qui suit, *parmi les biens, les uns regardent l'âme, les autres le corps.*

L'équivoque est une manière de parler conçue en termes, qui, pris tels qu'ils sont exprimés & dans leur sens propre, signifient plusieurs choses dans le même pays ; de sorte qu'on peut s'en servir pour dire des choses différentes. C'est ainsi que les mots, qui en Grec signifient, *La joueuse de flûte est tombée,* peuvent signifier aussi dans la même langue, *La maison est tombée trois fois.*

La Dialectique est, comme dit Posidonius, la science de discerner le vrai, le faux, & ce qui est neutre. Elle a pour objet, selon Chrysippe les signes & les choses signifiées. Ce que nous venons de dire regarde leurs idées sur la théorie de la voix.

Sous la partie de la Dialectique, qui comprend les matières & les choses signifiées par la voix, les Stoïciens rangent ce qui regarde les expressions, les énonciations parfaites, les propositions, les syllogismes, les discours imparfaits, les attributs & les choses dites directement, ou renversées. L'expression, qui naît d'une représentation de la raison, est de deux espèces, que les Stoïciens nomment expressions *parfaites & imparfaites*. Ces dernières n'ont point de sens complet, comme, *Il écrit* ; les autres au contraire en ont un, comme, *Socrate écrit*. Ainsi les expressions imparfaites sont celles qui n'énoncent que les attributs, & les parfaites servent à énoncer les propositions, les syllogismes, les interrogations & les questions. L'attribut est ce qu'on déclare de quelqu'un, ou une chose composée qui se dit d'un ou de plusieurs, comme le définit Apollodore ; ou bien c'est une expression imparfaite, construite avec un cas droit pour former une proposition. Il y a des attributs accompagnés de nom & de verbe, comme, *Naviguer parmi des rochers*[30] ; d'autres exprimés d'une manière droite, d'une manière renversée, & d'une manière neutre. Les premiers sont construits avec un des[31] cas obliques pour former un attribut, comme, *Il entend, Il voit, Il dispute*. Les renversés se construisent avec une particule passive, comme, *Je suis entendu, Je suis vu*. Les neutres n'appartiennent ni à l'une, ni à l'autre de ces classes, comme, *Être sage, Se promener*. Les attributs réciproques sont ceux, qui, quoiqu'exprimés d'une manière renversée[32], ne sont pas renversés, parce qu'ils emportent une action ; telle est l'expression de *se faire raser*, dans laquelle celui, qui est rasé, désigne aussi l'action qu'Il fait lui-même. Au-reste, les cas obliques sont le génitif, le datif, & l'accusatif.

On entend par proposition[33] l'expression d'une chose vraie ou fausse, ou d'une chose qui forme un sens complet, & qui se peut dire en elle-même, comme l'enseigne Chrysippe dans ses *Définitions de Dialectique*. „La proposition, dit-il, est l'expression de toute chose qui se peut affirmer, ou nier en elle-même, comme, *Il fait jour*, ou *Dion se promène*. ". On l'appelle proposition relativement à l'opinion de celui qui l'énonce ; car celui qui dit qu'*il fait jour*, paraît croire qu'*il fait jour* en effet. Si donc *il fait* effectivement *jour*, la proposition devient vraie ; au-lieu qu'elle est fausse s'il *ne fait pas jour*. Il y a de la différence entre proposition, interrogation, question, ordre, adjuration, imprécation, supposition, appellation, & ressemblance de proposition. La proposition est toute chose qu'on énonce en parlant, soit vraie, ou fausse. L'interrogation est une énonciation complète, aussi bien que la proposition ; mais qui requiert une réponse, comme cette phrase, *Est-il jour ?* Cette demande n'est ni vraie, ni fausse ; c'est proposition lorsqu'on dit *Il fait jour* ; c'est interrogation, quand on demande, *fait-il jour* ? La question est quelque chose à quoi on ne peut répondre oui ou non, comme l'interrogation ; mais à laquelle il faut répondre, comme on dirait, *Il demeure dans cet endroit*. L'ordre est quelque chose que l'on dit en commandant, comme, Va-t-en aux rives d'Inachus. *L'appellation est quelque chose qu'on dit, en nommant quelqu'un comme,* Agamemnon, fils d'Atrée, glorieux Monarque de plusieurs peuples. *La ressemblance d'une proposition est un discours, qui, renfermant la conclusion d'une proposition, déchoit du genre des propositions par quelque particule abondante, ou passive, comme dans ces vers :*

N'est-ce pas ici le beau séjour de ces vierges ? Ce Bouvier ressemble aux enfants de Priam.

Il y a encore une chose qui diffère de la proposition, en ce qu'elle s'exprime d'une manière douteuse, comme si on demandait si *vivre & ressentir de la douleur ne sont pas des choses jointes ensemble* ? Car les interrogations, les questions & autres choses semblables ne sont ni vraies, ni fausses ; au lieu que les propositions sont, ou l'une, ou l'autre. Il y a des propositions simples & non simples, comme disent Chrysippe, Archédème, Athénodore, Antipater & Crinis. Les simples consistent dans une ou plus d'une proposition où il n'y a aucun doute, comme, *il fait jour*. Celles, qui ne sont pas simples, consistent dans une ou plus d'une proposition douteuse ; dans une proposition douteuse, comme, *S'il fait jour* ; dans plus d'une, comme, *S'il fait jour, il fait clair*. Dans la classe des propositions simples il faut ranger les énonciations, les négations, les choses qui emportent privation, les attributs, les attributs en tant qu'ils appartiennent à un sujet particulier, & ce qui est indéfini. Dans la classe des propositions non simples on doit placer celles qui sont conjointes, adjointes, compliquées, séparées, causales, celles qui expriment la principale partie d'une chose, & celles qui en expriment la moindre. On a un exemple d'une proposition énonciative dans ces paroles : *Il ne fait point jour*. De l'espèce de ces sortes de propositions sont celles qu'on appelle *surénonciatives*, qui contiennent la négation de la négation, comme quand on dit, *Il ne fait pas non jour*, on pose qu'*il fait jour*. Les propositions négatives sont composées d'une particule négative & d'un attribut, comme, *Personne ne se promène*. Les privatives se forment d'une particule privative & d'une expression ayant force de proposition, comme, *Cet homme est inhumain*. Les propositions attributives sont composées d'un cas droit de déclinaison & d'un attribut, comme, *Dion se promène.* Les propositions attributives particulières se construisent d'un cas droit démonstratif & d'un attribut, comme, *Cet homme se promène* ; les indéfinies, comme, *Quelqu'un se promène. Il se remue.* Quant aux propositions non simples, celles qu'on nomme *conjointes,* sont, selon Chrysippe dans sa *Dialectique* & Diogène dans son *Art Dialecticien,* formées par la particule conjonctive *si,* cette particule voulant qu'une première chose posée, il s'ensuive une seconde, comme, *S'il fait jour, il fait clair.* Les propositions adjointes sont, dit Crinis dans son *Art de la Dialectique,* des propositions unies par la conjonction puisque, lesquelles commencent & finissent par deux expressions qui forment autant de propositions, comme, *Puisqu'il fait jour, il fait clair.* Cette conjonction sert à signifier que posé une premiere chose, il en suit une seconde, & que la premiere est aussi vraye. Les propositions compliquées sont celles qui se lient ensemble par quelques conjonctions qui les compliquent, comme, *Et il fait jour, & il fait clair.* Les séparées sont celles que l'on déjoint par la particule disjonctive ou, comme, *Ou il fait jour, ou il fait nuit* ; & cette particule sert à signifier que l'une des deux propositions est fausse. Les propositions causales sont composées du mot de *parce que,* comme, *Parce qu'il fait jour, il fait clair.* Ce mot indique que la premiere chose, dont on parle, est en quelque sorte la cause de la seconde. Les propositions, qui expriment la principale partie d'une chose, sont celles où entre la particule conjonctive *plutôt,* placée entre des propositions, comme, *Il fait plutôt jour que nuit* ; les propositions, qui expriment une chose par la moindre partie, sont le contraire des précédentes, comme, *Il fait moins nuit que jour.* Il faut encore remarquer que des propositions, opposées l'une à l'autre quant à la vérité & à la fausseté, l'une renferme la négation de l'autre, comme, *Il fait jour, & il ne fait point jour.* Ainsi une proposition conjointe est vraye, lorsque l'opposé du dernier terme est en contradiction avec le premier, comme, *s'il fait jour, il fait clair.* Cette proposition est vraye, parce que l'opposé du dernier terme, qui seroit, *il ne fait point clair,* est en contradiction avec le premier *Il fait jour.* Pareillement une proposition conjointe est fausse lorsque l'opposé du dernier terme n'est point contraire au premier, comme, *S'il fait jour, Dion se promene* ; car la proposition *Dion ne se promene point,* n'est pas contraire à celle qu'*il fait jour.* Une proposition adjointe est vraye, lorsque commençant par l'expression d'une vérité, elle finit en exprimant une chose qui en résulte, comme, *Puisqu'il fait jour, le soleil est au-dessus de la terre* ; au contraire une proposition adjointe est fausse, lorsqu'elle commence par une fausseté, ou qu'elle ne finit pas par une vraye conséquence, comme si l'on disoit, pendant qu'il feroit jour, *Puisqu'il fait nuit, Dion se promene.*

Une proposition causale est vraye, lorsque commençant par une chose vraye, elle finit par une conséquence, quoique le terme, par lequel elle commence, ne soit pas une conséquence de celui par lequel elle finit ; par exemple, dans cette proposition, *Parce qu'il fait jour, il fait clair.* Ce qu'on dit qu'*il fait clair,* est une suite de ce qu'on dit qu'*il fait jour* ; mais qu'il fasse jour n'est pas une suite de ce qu'il fait clair.

Une proposition probable tend à emporter un acquiescement, comme, *si quelque chose en a mis une autre au monde, elle en est la mere* ; cela n'est cependant pas vrai, puisqu'une poule n'est pas la mère de l'œuf. Les propositions se distinguent aussi en possibles & impossibles, aussi bien qu'en nécessaire & non nécessaire. Les possibles sont celles qu'on peut recevoir comme vraies, parce qu'il n'y a rien hors d'elles qui empêche qu'elles ne soient vraies, comme, *Dioclès est vivant.* Les impossibles sont celles qui ne peuvent être reçues pour vraies, comme, *La terre vole.* Les propositions nécessaires sont celles qui sont tellement vraies, qu'on ne peut les recevoir pour fausses, ou qu'on peut bien en elles-mêmes recevoir pour fausses ; mais qui par les choses, qui sont hors d'elle, ne peuvent être fausses, comme, *La vertu est utile.* Les non nécessaires sont celles qui sont vraies, mais peuvent aussi être fausses, les choses, qui sont hors d'elles, ne s'y opposant point, comme, *Dion se promène.* Une proposition vraisemblable est celle que plusieurs apparences peuvent rendre vraie, comme, *Nous vivrons demain.* Il y a encore entre les propositions d'autres différences & changements qui les rendent fausses ou opposées, & dont nous parlerons plus au long.

Le raisonnement, comme dit Crinis, est composé d'un, ou de plus d'un lemme, de l'assomption & de la conclusion ; par exemple, dans cet argument, *S'il fait jour, il fait clair : or il fait jour ; donc il fait clair.* Le lemme est cette proposition, *S'il fait jour, il fait clair* ; l'assomption, celle-ci, *il fait jour* ; la conclusion cette autre, Donc *il fait clair.* Le mode est comme une figure du raisonnement ; tel est celui-ci, *Si le premier a lieu, le second a lieu aussi : or le premier a lieu ; donc le second a lieu aussi.* Le mode raisonné[34] est un composé des deux, comme, *Si Platon vit, Platon respire : or le premier est vrai ; donc le second l'est aussi.* ce dernier genre a été introduit pour servir dans les raisonnements prolixes, afin de n'être point obligé d'exprimer une trop longue assomption, non plus que la conclusion, & de pouvoir les indiquer par cette manière de parler abrégée, *Le premier est vrai, donc le second l'est aussi.* Les raisonnements sont, ou concluants, ou non concluants. Dans ceux qui ne concluent point, l'opposé de la conclusion est contraire à la liaison des prémisses, comme, *S'il fait jour, il fait clair : or il fait jour, donc Dion se promène.* Les raisonnements concluants sont de deux sortes : les unes sont appelés de même nom que leur genre, c'est-à-dire *concluants* ; les autres, *syllogistiques.* Ces derniers sont ceux qui, ou ne démontrent point, ou conduisent à des chose qui ne se prouvent pas au moyen d'une ou de quelques positions, comme seroient celles-ci, *Si Dion se promène, Dion se remue donc.* Ceux, qui portent spécialement le nom de *concluants*, sont ceux qui concluent, sans le faire syllogistiquement, comme, *Il est faux qu'il fase en même temps jour & nuit : or il fait jour ; il ne fait donc pas nuit.* Les raisonnements non syllogistiques sont ceux, qui, approchant des Syllogismes pour la crédibilité, ne concluent pourtant pas, comme, *Si Dion est un cheval, Dion est un animal : or Dion n'est pas un cheval ; ainsi Dion n'est pas non plus un animal.*

Les raisonnements sont aussi vrais, ou faux. Les vrais sont ceux, dont les conclusions se tirent de choses vraies, comme celui-ci, *Si la Vertu est utile, le vice est nuisible.* Les faux sont ceux qui ont quelque chose de faux dans les prémisses, ou qui ne concluent point, comme, *S'il fait jour, il fait clair : or il fait jour ; donc Dion est en vie.* I y a encore des raisonnements possibles & impossibles, nécessaires & non nécessaires, & d'autres qui ne se démontrent point, parce qu'ils n'ont pas besoin de démonstration. On les déduit diversement ; mais Chrysippe en compte cinq classes, qui servent à former toutes sortes de raisonnements, & s'emploient dans les raisonnements concluants, dans les syllogistiques & dans ceux qui reçoivent des modes. Dans la première classe des raisonnements qui ne se démontrent point, sont ceux que l'on compose d'une proposition conjointe & d'un antécédent, par lequel la proposition conjointe commence, & dont le dernier terme forme la conclusion, comme, *Si le premier est vrai ; le second l'est aussi : or le premier est vrai ; donc le second l'est aussi.* La seconde classe renferme les raisonnements, qui, par le moyen de la proposition conjointe & de l'opposé du dernier terme, ont l'opposé de l'antécédent pour la conclusion ; comme, *s'il fait jour, il fait clair : or il fait nuit ; il ne fait donc pas jour.* Car dans ce raisonnement l'assomption est prise de l'opposé du dernier terme ; & la conclusion, de l'opposé de l'antécédent. La troisième classe de ces raisonnements contient ceux dans lesquels, par le moyen d'une énonciation compliquée, on insère d'une des choses qu'elle exprime le contraire du reste, comme, *Platon n'est point mort & Platon vit : mais Platon est mort ; donc Platon ne vit point.* À la quatrième classe appartiennent les raisonnements dans lesquels, par le moyen de propositions séparées, on insère de l'une de ces propositions séparées une conclusion contraire au reste, comme, *Ou c'est le premier, ou c'est le second : mais c'est le premier ; ce n'est donc pas le second.* Dans la cinquième classe des raisonnements qui ne se démontrent point, sont ceux qui se construisent de propositions séparées, & dans lesquels de l'opposé de l'une des choses qui y sont dites, on insère le reste, comme, *Ou il fait jour, ou il fait nuit : mais il ne fait point nuit ; il fait donc jour.*

Suivant les Stoïciens, une vérité suit de l'autre, comme de cette vérité qu'*il soit nuit*, il est aussi faux qu'*il fasse des ténèbres*. On peut insérer aussi une vérité d'une fausseté, comme de celle-ci que *la terre vole*, on insère cette vérité, que *la terre existe*. Mais d'une vérité on ne peut point insérer une fausseté, comme de ce que la terre existe, il ne s'ensuit point qu'elle vole. Il y a aussi des raisonnements embarrassés, qu'on nomme diversement, *couvert, cachés,* les *sorites*, ceux dits *Cornus*, & les *impersonnels*, ou qui ne désignent personne. Voici un exemple de raisonnement caché, *N'est-il pas vrai que deux sont un petit nombre ? Que trois sont un petit nombre, & que ces nombres ensemble sont un petit nombre : n'est-il pas vrai aussi que quatre sont un petit nombre & ainsi de suite jusqu'à dix : or deux deux sont un petit nombre ; donc dix en sont un pareil.* Les raisonnements, qui ne désignent personne, sont composé d'un terme fini & d'un terme indéfini, & ont assomption & conclusion, comme, *Si quelqu'un est ici, il n'est point à Rhodes.*

Telles sont les idées des Stoïciens sur la Logique, & c'est ce qui les fait insister sur l'opinion que le Sage doit toujours être bon Dialecticien. Ils prétendent que toutes choses se discernent par la théorie du raisonnement, en tant qu'elles appartiennent à la Physique, & de nouveau encore en tant qu'elles appartiennent à la Morale. car ils ajoutent que pour ce qui regarde la Logique, elle n'a rien à dire sur la légitimité des noms concernant la manière dont les Lois ont statué par rapport aux actions, mais qu'y ayant un double usage dans la vertu de la Dialectique, l'un sert à considérer ce qu'est une chose, & l'autre comment on la nomme ; & c'est-là l'emploi qu'ils donnent à la Logique.

Les Stoïciens divisent la partie morale de la Philosophie en ce qui regarde les penchants, les biens & les maux, les passions, la vertu, la fin qu'on doit se proposer, les choses qui méritent notre première estime, les actions, les devoirs, & ce qu'il faut conseiller & dissuader. C'est ainsi que la morale est divisée par Chrysippe, Archédème, Zénon de Tarse, Apollodore, Diogène, Antipater & Posidonius ; car Zénon Cittien & Cléanthe, comme plus anciens, ont traité ces matières plus simplement, s'étant d'ailleurs plus appliqués à diviser la Logique & la Physique.

Les Stoïciens disent que le premier penchant d'un être animal est qu'il cherche sa conservation, la nature se l'attachant dès sa naissance, suivant ce que dit Chrysippe dans son premier livre des *Fins* ; que le premier attachement de tout animal a pour objet sa constitution & l'union de ses parties, puisqu'il n'est pas vraisemblable que l'animal s'aliène de lui-même, ou qu'il ait été fait, ni pour ne point s'aliéner de lui-même, ni pour ne pas s'être attaché ; de sorte qu'il ne reste autre chose à dire sinon que la nature l'a disposé pour être attaché à lui-même, & c'est par là qu'il s'éloigne des choses qui peuvent lui nuire, & cherche celles qui lui sont convenables.

Ils traitent de fausse l'opinion de quelques uns que la volupté est le premier penchant qui soit donné aux animaux ; car ils disent que ce n'est qu'une addition, si tant est même qu'il faille appeler volupté ce sentiment qui naît après que la nature, ayant fait sa recherche, a trouvé ce qui convient à la constitution. C'est de cette manière que les animaux ressentent de la joie, & que les plantes végètent. Car, disent-ils, la nature ne met point de différence entre les animaux & les plantes, quoiqu'elle gouverne celles-ci sans le secours des penchants & du sentiment, puisqu'il y a en nous des choses qui se font à la manière des plantes, & que les penchants qu'ont les animaux, & qui leur servent à chercher les choses qui leur conviennent, étant en eux comme un surabondant, ce à quoi portent les penchants est dirigé par ce à quoi porte la nature ; enfin, que la raison ayant été donnée aux animaux raisonnables par une surintendance plus parfaite, vivre selon la raison peut être fort bien une vie selon la nature[35], parce que la raison devient comme l'artisan qui forme le penchant.

C'est pour cela que Zénon a dit le premier dans son livre de la *Nature de l'Homme*, que la fin, qu'on doit se proposer, consiste à vivre selon la nature ; ce qui est la même chose que vivre, car c'est à cela que la nature nous conduit. Cléanthe dit la même chose dans son livre de la *Volupté*, aussi-bien que Posidonius, & Hécaton dans son livre des *Fins*. C'est aussi une même chose de vivre selon la vertu, ou de vivre selon l'expérience des choses qui arrivent par la nature, comme dit Chrysippe dans son livre des *Fins*, parce que notre nature est une partie de la nature de l'Univers. Cela fait que la fin, qu'on doit se proposer, est de vivre en suivant la nature ; c'est-à-dire selon la vertu que nous prescrit notre propre nature, & selon celle qui nous prescrit la nature de l'Univers, ne faisant rien de ce qu'a coutume de défendre la Loi commune, qui est la droite raison répandue par-tout, & la même qui est en Jupiter, qui conduit par elle le gouvernement du Monde. Ils ajoutent qu'en cela même consiste la vertu & le bonheur d'une homme heureux, de régler toutes ses actions de manière qu'elles produisent l'harmonie du génie, qui réside en chacun avec la volonté de celui qui gouverne l'Univers. En effet Diogène dit expressément que la fin, qu'on doit se proposer, consiste à bien raisonner dans le choix des choses qui sont selon la nature. Archédème la fait consister à vivre en remplissant tous les devoirs. Chrysippe par la *nature* entend une nature à laquelle il faut conformer sa vie ; c'est-à-dire la nature commune, & celle de l'homme en particulier. Mais Cléanthe n'établit, comme devant être suivie, que la nature commune, & n'admet point à avoir le même usage celle qui n'est que particulière. Il dit que la vertu est une disposition conforme à cette nature, & qu'elle doit être choisie pour l'amour d'elle-même, & non par crainte, par espérance, ou par quelque autre motif qui soit hors d'elle ; que c'est en elle que consiste la félicité, parce que l'âme est faite pour jouir d'une vie toujours uniforme, & que ce qui corrompt un animal raisonnable, ce sont quelquefois les vraisemblances des choses extérieures, & quelquefois les principes de ceux avec qui l'on converse, la nature ne donnant jamais lieu à cette dépravation.

Le mot de *vertu* se prend différemment. Quelquefois il signifie en général la perfection d'une chose, comme celle d'une statue ; quelquefois il se prend pour une chose qui n'est pas un sujet de spéculation, comme la santé ; d'autre fois pour une chose qui est un sujet de spéculation, comme la prudence. Car Hécaton dit, dans son premier livre des *Vertus*, que parmi celles qui sont un sujet de science, il y en a qui sont aussi spéculatives ; savoir celles qui sont composées des observations qu'on a faites, comme la prudence & la justice, & que celles, qui ne sont point spéculatives, sont celles, qui, considérées dans leur production, sont composées de celles qui sont spéculatives, comme la santé & la force. Car de la prudence, qui est une vertu de spéculation, résulte ordinairement la santé, comme de la structure des principales pierres d'un bâtiment résulte sa consistance. On appelle ces vertus non-spéculatives, parce qu'elles ne sont pas fondées sur des principes, qu'elles sont comme des additions, & que les méchants peuvent les avoir ; telles sont, par exemple, la santé & la force. Posidonius, dans son premier livre de la *Morale*, allègue, comme une preuve que la vertu est quelque chose de réellement existant, les progrès qu'y ont faits Socrate, Diogène & Anthisthène, & comme une preuve de l'existence réelle du vice, cela même qu'il est opposé à la vertu. Chrysippe dans son premier livres des *Fins*, Cléanthe, Posidonius dans ses *Exhortations*, & Hécaton disent aussi que la vertu peut s'acquérir par l'instruction, & en donnent pour preuve qu'Il y a des gens, qui de méchants deviennent bons.

Panætius distingue deux sortes de vertus, l'une spéculative & l'autre pratique. D'autres en distinguent trois sortes, & les appellent *Vertus Logique, Physique & Morale.* Posidonius en compte quatre sortes, Cléanthe & Chrysippe un plus grand nombre, aussi-bien qu'Antipater. Apollophane n'en compte qu'une, à laquelle il donne le nom de *Prudence.* Il y a des vertus primitives, & d'autres qui leur sont subordonnées. Les primitives sont la prudence ; la force, la justice & la tempérance, qui renferment, comme leurs espèces, la grandeur d'âme, la continence, la patience, le génie, le bon choix. La prudence a pour objet la connaissance des biens & des maux, & des choses qui sont neutres ; la justice celle des choses qu'il faut choisir & éviter, & des choses qui sont neutres par rapport à celles-là. La grandeur d'âme est une situation d'esprit, élevée au-dessus des accidents communs aux bons & aux méchants.

La continence est une disposition constante pour les choses qui sont selon la droite raison, ou une habitude à ne point se laisser vaincre par les voluptés. La patience est une science, ou une habitude par rapport aux choses dans lesquelles il faut persister, ou ne point persister, aussi-bien que par rapport à celles de cette classe qui sont neutres. Le génie est une habitude à comprendre promptement ce qu'exige le devoir. Le bon choix est la science de voir quelles choses on doit faire & de quelle manière on doit les exécuter pour agir utilement.

On distingue pareillement les vices en primitifs & subordonnés. Ceux-là sont l'imprudence, la crainte, l'injustice, l'intempérance. Les subordonnés sont l'incontinence, la stupidité, le mauvais choix, & en général les vices consistent dans l'ignorance des choses, dont la connaissance est la matière des vertus.

Par le bien les Stoïciens entendent en général ce qui est utile, sous cette distinction particulière en ce qui est effectivement utile, & ce qui n'est pas contraire à l'utilité.

De là vient qu'ils considèrent la vertu, & le bien qui en est une participation, de trois diverses manières ; comme bien par la cause d'où il procède, par exemple, une action conforme à la vertu ; & comme bien par celui qui le fait, par exemple, un homme qui s'applique avec soin à la vertu[36]. Ils définissent autrement le bien d'une manière plus propre, en l'appelant *la perfection de la nature raisonnable,* ou de la nature en tant que raisonnable. Quant à la vertu, ils s'en font cette idée. Ils regardent comme des participations de la vertu, tant les actions qui y sont conformes, que ceux qui s'y appliquent ; & envisageant comme des accessoires de la vertu, la joie, le contentement & les sentiments semblables. Pareillement ils appellent *vices* l'imprudence, la crainte, l'injustice & autres pareilles participations du vice, tant les actions vicieuses, que les vicieux eux-mêmes ; ils nomment encore *accessoires du vice* la tristesse, le chagrin & autres sentiments de cette sorte.

ils distinguent aussi les biens en biens de l'âme même, en biens qui sont hors d'elle, & en ceux qui ne sont, ni de l'âme ; ni hors d'elle. Les biens de l'âme même sont les vertus & les actions qui leur sont conformes ; ceux hors d'elle, sont d'avoir une patrie honnête, un bon ami, & le bonheur que procurent ces avantages ; ceux, qui ne sont ni de l'âme même, ni hors d'elle, sont la culture de soi-même, & de faire son propre bonheur. Il en est de même des maux. Les maux de l'âme elle-même sont les vices & les actions vicieuses ; ceux hors d'elle sont d'avoir une mauvaise patrie & un mauvais mai, avec les malheurs attachés à ces désavantages. Les maux, qui ne sont ni de l'âme elle-même, ni hors d'elle, sont de se nuire à soi-même & de se rendre malheureux.

On distingue encore les biens en efficients, en biens qui arrivent comme fins[37], & ceux qui sont l'un & l'autre. Avoir un ami & jouir des avantages qu'il procure, c'est un bien efficient ; l'assurance, un bon jugement, la liberté d'esprit, le contentement, la joie, la tranquillité & tout ce qui entre dans la pratique de la vertu, ce sont les biens qui arrivent comme fins. Il y a aussi des biens qui sont efficients & fins tout à la fois : ils sont efficients, en tant qu'ils effectuent le bonheur ; il sont fins, en tant qu'ils entrent dans la composition du bonheur comme partie. Il en est de même des maux. Les uns ont la qualité de fins, les autres sont efficients, quelques-uns sont l'un & l'autre. Un ennemi, & les torts qu'il nous fait, sont de maux efficients ; la stupidité, l'abattement, la servitude d'esprit, & tout ce qui a rapport à une vie vicieuse, sont les maux qu'on considère comme ayant la qualité de fins. Il y en a aussi qui sont en même temps efficients, en tant qu'ils effectuent la misère, & qui ont la qualité de fins, en tant qu'ils entrent dans sa composition comme parties.

On distingue encore les biens de l'âme elle-même en habitudes, en dispositions, & en d'autres qui ne sont ni celles-là, ni celles-ci. Les dispositions sont les vertus mêmes ; les habitudes sont leur recherche. Ce qui n'est ni des unes ni des autres, va sous le nom d'actions vertueuses. Communément il faut mettre parmi les biens même un heureuse postérité & une bonne vieillesse ; mais la science est un bien simple. Les vertus sont un bien toujours présent ; mais il y a en a qu'on n'a pas toujours, comme la oye, ou la promenade.

Les Stoïciens caractérisent ainsi le bien. Ils l'appellent avantageux, convenable, profitable, utile, commode, honnête, secourable, désirable & juste. Il est avantageux, en ce que les choses qu'il procure, nous sont favorables ; convenable, parce qu'il est composé de ce qu'il faut ; profitable, puisqu'il paye les soins qu'on prend pour l'acquérir, de manière que l'utilité qu'on en retire, surpasse ce qu'on donne pour l'avoir ; utile, par les services que procure son usage ; commode, pas la louable utilité qui en résulte ; honnête, parce qu'il est modéré dans son utilité ; secourable, parce qu'il est tel qu'il doit être pour qu'on en retire de l'aide ; désirable, parce qu'il s'accorde avec l'équité, & qu'il engage à vivre d'une mani`re sociable.

L'honnête, suivant, ces Philosophes, est le bien parfait ; c'est-à-dire celui qui a tous les nombres, requis [38] par la nature, ou qui est par faitement mesuré. Ils distinguent quatre espèces dans l'honnêteté ; la justice, la force, la bienséance, la science, & disent que ce sont-là les parties qui entrent dans toutes les actions parfaitement honnêtes. Ils supposent aussi dans ce qui est honteux quatre espèces, analogues à celles de l'honnêteté ; l'injustice, la crainte, la grossièreté, la folie. ils disent que l'honnête se prend dans un sens simple, entant qu'il comprend les choses louables & ceux qui possèdent quelque bien qui est digne d'éloge ; que l'honnête se prend aussi pour désigner la bonne disposition aux actions particulières qu'on doit faire ; qu'il se prend encore autrement pour marquer ce qui est bien réglé, comme quand nous disons que le *sage seul est bon & honnête*. Ils disent de plus qu'il n'y a que ce qui est honnête qui soit bon, comme le rapportent, Hecaton dans son troisième livre des *Biens*, & Chrysippe dans son ouvrage sur l'*Honnête*. Ils ajoutent que ce bien honnête est la vertu, de même que ce qui est une participation, c'est-dire précisément que tout ce qui est bien est honnête, & que le bien est équivalent à l'honnête, puisqu'il lui est égal ; car dès qu'une chose est honnête lorsqu'elle est bonne, il s'ensuit aussi qu'elle est bonne, si elle est honnête.

Ils sont dans l'opinion que tous les biens sont égaux, que tout bien mérite d'être recherché, & qu'il n'est sujet, ni à augmentation, ni à dimi nution. Ils disent que les choses du monde se partagent en celles qui sont des biens, en celles qui sont des maux, & en celles qui ne sont ni l'un, ni l'autre. Ils appellent *biens* les vertus, comme la prudence, la justice, la force, la tempérance, & les autres. Ils donnent le nom de *maux* aux chose contraire à celles-là, à l'imprudence, à l'injustice & au reste. Celles, qui ne sont ni biens, ni maux, n'apportent ni utilité, ni dommage, comme la vie, la santé, la volupté, la beauté, la force de corps, la richesse, la gloire, la noblesse & leurs opposés, comme la mort, la maladie, la douleur, l'opprobre, l'Infirmité, la pauvreté, l'obscurité, la bassesse de naissance, & les choses pareilles à celles-là, ainsi que le rapportent, Hecaton dans son septième livre des *Fins*. Apollodore dans sa *Morale* & Chrysippe, qui disent que ces choses-là ne sont point matière de biens, mais des choses indifférentes, approuvables dans leur espèce. Car comme l'attribut propre de la chaleur est de réchauffer & de ne pas refroidir, de même le bien a pour propriété d'être utile & de ne pas faire de mal. Or les richesse & la santé ne font pas plus de bien que de mal ; ainsi ni la santé, ni les richesses ne sont pas un bien. Il disent encore qu'on ne doit pas appeler *bien* une chose dont on peut faire un bon & un mauvais usage. Or on peut faire un bon & un mauvais usage de la santé et des richesses ; ainsi ni l'un, ni l'autre ne doivent passer pour être un bien. Cependant Posidonius let met au nombre des biens. Ils ne regardent pas même la volupté comme un bien suivant Hecaton dans son dix-neuvième livre des *Biens*, & Chrysippe dans son livre de la *Volupté* ; ce qu'ils fondent sur ce qu'il y a des voluptés honteuse, & que rien de ce qui est honteux n'est un bien. Ils font consister l'utilité à régler ses mouvements & ses démarches selon la vertu ; & ce qui est nuisible, à régler ses mouvements & ses démarches selon le vice.

Ils croient que les choses indifférentes sont telles de deux manières. D'abord elles sont indifférentes entant qu'elles ne font rien au bonheur, ni à la misère, telles que les richesses, la santé, la force de corps, la réputation & autres choses semblables. La raison en est, qu'on peut être heureux sans elles, puisque c'est selon la manière dont on en use, qu'elles contribuent au bonheur, ou à la misère. Les choses indifférentes sont encore telles entant qu'il y en a qui n'excitent ni le désir, ni l'aversion, comme serait d'avoir la tête un nombre de cheveux égal ou inégal, & d'étendre le doigt ; ou de le tenir fermé. C'est en quoi cette dernière sorte d'indifférence est distincte de la première, suivant laquelle il y a des choses indifférentes, qui ne laissent pas d'exciter le penchant, ou l'aversion. De là vient qu'on préfère quelques-unes, quoi que par les mêmes raisons on devrait aussi préférer les autres, ou les négliger toutes.

Les Stoïciens distinguent encore les choses indifférentes en celles qu'on approuve [39] & celles qu'on rejette. Celles qu'on approuve, renferment quelque chose d'estimable ; celles qu'on rejette, n'ont rien dont on puisse faire cas. Par *estimable* ils entendent d'abord ce qui contribue en quelque chose à une vie bien réglée ; en quel sens tout bien est estimable. On entend aussi par-là un certain pouvoir, ou usage mitoyen par lequel certaines choses peuvent contribuer à une vie conforme à la nature ; tel est l'usage que peuvent avoir pour cela les richesses & la santé. On appelle encore *estime* le prix auquel une chose est appréciée par un homme qui s'entend à en estimer la valeur ; comme par exemple, lorsqu'on échange une mesure d'orge contre une mesure & demi [40] de froment.

Les choses indifférentes & approuvables sont donc celles qui renferment quelque sujet d'estime ; tels sont, par rapport aux biens de l'âme, le génie, les Arts, les progrès & autres semblables ; tels, par rapport aux biens du corps, la vie, la santé, la force, la bonne disposition, l'usage de toutes les parties du corps, la beauté ; tels encore, par rapport aux biens extérieurs, la richesse, la réputation, la naissance & autres pareils. Les choses indifférentes à rejeter sont, par rapport sont par rapport aux biens de l'âme ; la stupidité, l'ignorance des Arts & autres semblables ; par rapport aux biens du corps, la mort, la maladie, les infirmités, une mauvaise constitution, le défaut de quelque membre, la difformité & autres pareils ; par rapport aux biens extérieurs, la pauvreté, l'obscurité, la bassesse de condition, & autres semblables. Les choses indifférentes neutres sont celles qui n'ont rien qui doive les faire approuver, ou rejeter. Parmi celles de ces choses qui sont approuvables, il y en a qui le sont par elles-mêmes, qui le sont par d'autres choses, & qui le sont en même temps par elles-mêmes & par d'autres. Celles approuvables par elles-mêmes, sont le génie, les progrès & autres semblables : celles approuvables par d'autres choses, sont les richesses, la noblesse & autres pareille ; celles approuvables par elles-mêmes & par d'autre, sont la force, des sens bien disposés & l'usage de tous les membres du corps. Ces dernières sont approuvables par elles-mêmes, parce qu'elles sont suivant l'ordre de la nature ; elles sont aussi approuvables par d'autres choses, parce qu'elles ne procurent pas peu d'utilité. Il en est de même dans un sens contraire des choses qu'on rejette.

Les Stoïciens appellent *devoir* un chose, qui emporte qu'on puisse rendre raison pourquoi elle est faite, comme par exemple, que c'est une chose qui suit de la nature de la vie : en quel sens l'idée de devoir s'étend jusqu'aux plantes

& aux animaux ; car on peut remarquer des obligations dans la condition des unes & des autres. Ce fut Zénon qui se servit le premier du mot Grec qui signifie *devoir*, & qui veut dite originairement *Venir de certaines choses*. Le devoir même est l'opération des institutions de la nature ; car dans les choses qui sont l'effet des penchants, il y en a qui sont des devoirs, il y en a qui ne sont ni devoirs, ni contraires au devoir. Il faut regarder comme des devoirs toutes les choses qui la raison conseille de faire, par exemple, de ne pas avoir soin de son père & de sa mère, de mépriser ses proches, de ne pas s'accorder avec ses amis, de ne point estimer sa patrie, & autres pareils sentiments. Enfin les choses, qui ne sont ni devoirs, ni contraire au devoir, sont celles qui la raison, ni ne conseille, ni ne dissuade de faire, comme de ramasser une paille, de tenir une plume, une brosse & autres choses semblables. Outre cela, il ya des devoirs qui ne sont point accompagnés de circonstances qui obligent, & d'autres que de pareilles circonstances accompagnent. Les premiers sont, par exemple, d'avoir soin de sa santé, de ses sens & autres semblables ; les seconds, de se priver quelquefois d'un membre du corps, & de renoncer à ses biens, Il en est même d'une manière analogue des choses contraire au devoir. Il y a aussi des devoirs qui toujours obligent, & d'autres qui n'obligent pas toujours. Les premiers sont de vivre selon la vertu ; les autres sont, par exemple, de faire des questions, de répondre, & autres semblables. La même distinction a lieu par rapport aux choses contraires au devoir. Il y a même un certain devoir dans les chose moyennes ; tel est celui de l'obéissance des enfants envers leurs précepteurs.

Les Stoïciens divisent l'âme en huit parties ; car ils regardent, comme autant de parties de l'âme, les cinq sens, l'organe de la voix & celui de la pensée, qui est l'intelligence elle-même, auxquelles ils joignent la faculté générative. Ils ajoutent que l'erreur produit une corruption de l'esprit, d'où naissent plusieurs passions, ou causes de troubles dans l'âme. La passion même, suivant Zénon, est une émotions déraisonnable et contraire à la nature de l'âme, ou un penchant qui devient excessif. Il y a quatre genres de passions supérieures, selon Hecaton dans son deuxième livre des *Passions*, & selon Zénon dans son ouvrage sous le même titre. Ils les nomment la tristesse, la crainte, la convoitise, la volupté. Au rapport de Chrysippe dans son livre des *Passions*, les Stoïciens regardent les passions comme étant des jugements de l'esprit ; car l'amour de l'argent est une opinion que l'argent est une chose honnête, & il en est de même de l'ivrognerie, de la débauche & des autres. Ils disent que la tristesse est une contraction déraisonnable de l'esprit, & lui donnent pour espèces la pitié, le mécontentement, l'envie, la jalousie, l'addiction, l'angoisse, l'inquiétude, la douleur, & la consternation. La pitié est une tristesse semblable à celle qu'On a pour quelqu'un qui souffre, sans l'avoir mérité ; le mécontentement, une tristesse qu'on ressent du bonheur d'autrui ; l'envie, une tristesse que l'on conçoit de ce que les autres ont des biens qu'on voudrait avoir ; la jalousie, une tristesse qui a pour objet des bines qu'on a en même temps que les autres ; l'addiction, une tristesse qui est à charge ; l'angoisse, une tristesse pressante, & qui présente une idée de péril ; l'inquiétude, une tristesse entretenue, ou augmentée par les réflexions de l'esprit ; la douleur, une tristesse mêlée de tourment ; la consternation, un tristesse déraisonnable qui ronge le cœur, & empêche qu'on ne prenne garde aux choses qui sont présentes.

La crainte a pour objet un mal qu'on prévoit. On range sous elle la frayeur, l'appréhension du travail, la confusion, la terreur, l'épouvante, l'anxiété. La frayeur est une crainte tremblante ; l'appréhension du travail, la crainte d'une chose qui donnera de la peine ; la terreur, un effet de l'impression qu'une chose extraordinaire fait sur l'imagination ; l'épouvante, une crainte, accompagnée d'extinction de voix ; l'anxiété, l'appréhension que produit un sujet inconnu ; la convoitise, un désir déraisonnable, auquel on rapporte le besoin, la haine, la discorde, la colère, l'amour, l'animosité, la fureur. Le besoin est un désir repoussé & mis comme hors de la possession de la chose souhaitée, vers laquelle il tend & est attiré ; la haine, un désir de nuire à quelqu'un qui croît & s'augmente ; la discorde, le désir d'avoir raison dans une opinion ; la colère, le désir de punir quelqu'un d'un tort qu'on croit en avoir reçu ; l'amour, un désir auquel un bon esprit n'est point disposé, car c'est l'envie de se concilier l'affection d'un sujet qui nous frappe par une beauté apparente.

L'animosité est une colère invétérée, qui attend l'occasion de paraître, ainsi qu'elle est représentée dans ces vers.

Quoiqu'il digère sa bile pour ce jour même, il conserve sa colère jusqu'à ce qu'elle soit assouvie. La fureur est une colere qui emporte. Quant à la volupté, c'est une ardeur pour une chose qui paroît souhaitable. Elle comprend la délectation, le charme, le plaisir qu'on prend au mal, la dissolution. La délectation est le plaisir qui flatte l'oreille ; le plaisir malicieux, celui qu'on prend aux maux d'autrui ; le charme, une sorte de renversement de l'ame, ou une inclinaison au relâchement ; la dissolution, le relâchement de la vertu. De même que le corps est sujet à de grandes maladies, comme la goute & les douleurs qui viennent aux jointures ; de même l'ame est soumise à de pareils maux, qui sont l'ambition, la volupté & les vices semblables. Les maladies sont des dérangements, accompagnés d'affoiblissement ; & cette opinion subite, qu'on prend d'une chose qu'on souhaite, est un dérangement de l'ame. Comme le corps est aussi sujet à des accidens, tels que les catharres & les diarrhées ; ainsi il y a dans l'ame certains sentimens qui peuvent l'entrainer, tels que le penchant à l'envie, la dureté, les disputes & autres semblables.

On compte trois bonnes affections de l'ame, la joye, la circonspection, la volonté. La joye est contraire à la volupté, comme étant une ardeur raisonnable ; la circonspection, contraire à la crainte, comme consistant dans un éloignement raisonnable. Le Sage ne craint jamais : mais il est circonspect. La volonté est contraire à la convoitise, en ce que c'est un desir raisonnable. Et comme il y a des sentiments qu'on range sous les passions primitives, il y en a aussi qu'on place sous les affections de cette espèce. Ainsi à la volonté on subordonne la bienveillance, l'humeur pacifique, la civilité, l'amitié ; à la circonspection, la modestie & la pureté ; à la joye ; le contentement, la gayeté, la bonne humeur.

Les Stoïciens prétendent que le Sage est sans passions, parce qu'il est exempt de fautes. Ils distinguent cette apathie d'une autre mauvaise qui ressemble à celle-ci, & qui est celle des gens durs, & que rien ne touche. Ils disent encore que le Sage est sans orgueil, parce qu'il n'estime pas plus la gloire que le deshonneur ; mais qu'il y a un autre mauvais mépris de l'orgueil, qui consiste à ne pas se soucier comment on agit. Ils attribuent l'austérité aux Sages, parce qu'ils ne cherchent point à paroître voluptueux dans leur commerce, & qu'ils n'approuvent pas ce qui part des autres & porte ce caractère. Ils ajoutent qu'il y a une autre austérité, qu'on peut comparer au vin rude dont on sert pour les médecines, mais qu'on ne présente point à boire. Ils disent encore que les Sages sont éloignés de tout déguisement, qu'ils prennent garde à ne se pas montrer meilleurs qu'ils ne sont par un extérieur composé, sous lequel on cache ses défauts & on n'étale que ses bonnes qualités. Ils n'usent point de feintes, ils la bannissent même de la voix & de la physionomie.

Ils ne se surchargent point d'affaires, & sont attentifs à ne rien faire qui soit contraire à leur devoir. Ils peuvent boire du vin, mais ils ne s'enivrent pas ; ils ne se livrent pas non plus à la fureur. Cependant il peut arriver qu'ils ayant de monstrueuses imaginations, excitées par un excès de bile, ou dans un transport de délire, non par une conséquence du système qu'ils suivent, mais par un défaut de nature. Ils ne s'affligent point, parce que la tristesse est une contradiction déraisonnable de l'âme, comme dit Apollodore dans sa *Morale*. Ce sont des esprits célestes, qui ont comme un génie qui réside au-dedans d'eux-mêmes, en cela bien différents des méchants, lesquels sont privés de cette présence de la Divinité. De là vient qu'un homme peut être dit *Athée* de deux manières, ou parce qu'il a des inclinations qui le mettent en opposition avec Dieu, ou parce qu'il compte la Divinité pour rien du tout ; ce qui cependant n'est pas commun à tous les méchants. Selon les Stoïciens, les Sages sont pieux, étant pleinement instruits de tout ce qui a rapport à la religion. Ils qualifient la piété *la Connaissance du culte divin,* & garantissent la pureté de cœur à ceux qui offrent des sacrifices. Les sages haïssent le crime, qui blesse la majesté des Dieux ; ils en sont les favoris pour leur sainteté & leur justice. Eux seuls peuvent se vanter d'en être les vrais ministres par l'attention qu'ils apportent dans l'examen de ce qui regarde les sacrifices, les dédicaces de Temples, les purifications, & autres cérémonies relatives au service divin. Les Stoïciens établissent comme un devoir, dont ils font gloire aux sages d'honorer, immédiatement, après les Dieux, père & mère, frères & sœurs, auxquels l'amitié pour leurs enfants est naturelle, au-lieu qu'elle ne l'est pas dans les méchants. Selon Chrysippe dans le quatrième livre de ses *Questions morales*, Persée & Zénon, ils mettent les péchés au même degré, fondés sur ce qu'une vérité, n'étant pas plus grande qu'une autre vérité, une mensonge plus grand qu'un autre mensonge, une tromperie par conséquent n'est pas plus petite qu'une autre fourberie, ni un péché moindre qu'un autre : & de même que celui, qui n'est éloigné que d'un stade de Canope, n'est pas plus Canope que celui qui en est à cent stades de distance ; tout de même aussi celui qui pêche plus, & celui pêche moins, font tout aussi peu l'un que l'autre dans le chemin du devoir. Néanmoins Héraclide de Tarse, disciple d'Antipater son compatriote, & Athénodore croient que les péchés ne sont point égaux. Rien n'empêche que Sage ne se mêle du Gouvernement, à moins que quelque raison n'y mette obstacle, dit Chrysippe dans le premier livre de ses *Vies*, parce qu'il ne peut que servir à bannir les vices & à avancer la vertu. Zénon, dans sa *République*, permet au sage de se marier & d'avoir des enfants. Il ne juge pas par opinion, c'est-à-dire qu'il ne donne son acquiescement à aucune fausseté ; il fuit la vie des Philosophes Cyniques, parce qu'elle est une chemin abrégé pour parvenir à la vertu, remarque Apollodore dans sa *Morale*. Il lui est permis de manger de la chair humaine, si les circonstances l'y obligent. Il est le seul qui jouisse du privilège d'une parfaite liberté, au-lieu que les méchants croupissent dans l'esclavage, puisque l'une est d'agir par foi-même, & que l'autre qui est le fruit de l'acquisition, & dont la sujétion est une suite. A cet esclavage est opposé le droit de seigneur, qui est aussi mauvais.

Non seulement les sages sont libres, ils sont même rois, puisque la royauté est un empire indépendant, & qu'on ne saurait contester aux sages, dit Chrysippe dans un ouvrage où il entreprend de prouver que Zénon a pris dans un sens propre les termes dont il s'est servi. En effet ce philosophe avance que celui, qui gouverne, doit connaître le bien & le mal ; discernement qui n'est pas donné aux méchants. Les sages sont aussi les seuls propres aux emplois de Magiistrature, de Barreau & d'éloquence ; autant de postes que les méchants ne sauroient dignement remplir. Ils sont irrépréhensibles, parce qu'ils ne tombent point en faute ; ils sont innocents, puisqu'ils ne portent préjudice à personne, ni à eux-mêmes, mais aussi ils ne se piquent point d'être pitoyables, ne pardonnent point à ceux qui font mal, & ne se relâchent pas sur les punitions établies par les lois. Céder à la clémence, se laisser émouvoir par la compassion, sont des sentiments dont ne peuvent être susceptibles ceux qui ont à infliger des peines, & à qui l'équité ne permet pas de les regarder comme trop rigoureuses. Le sage ne s'étonne pas non plus des phénomènes & des prodiges de la nature, qui se manifestent inopinément, des lieux d'où exhalent des odeurs empestées, du flux & reflux de la mer, des sources d'eau minérale & des feux souterrains. Né pour la société, fait pour agir, pour s'appliquer à l'exercice, pour endurcir le corps à la fatigue, il ne lui convient pas de vivre solitairement, éloigné du commerce des hommes. Un de ses vœux, disent Posidonius, dans son premier livre des *Devoirs*, & Hecaton dans son treizième livre de ses *Paradoxes*, est de demander aux Dieux les biens qui lui sont nécessaires. Les Stoïciens estiment que la vraie amitié ne peut avoir lieu qu'entre des sages, parce qu'ils s'aiment par conformité des sentiments. Ils veulent que l'amitié soit une communauté des choses nécessaires à la vie, & que nous disposions de nos amis comme nous disposerions de nous-mêmes ; aussi comptent-ils la pluralité de ces sortes de liaisons parmi les biens que l'ont doit désirer, & que l'on chercherait en vain dans la fréquentation des méchants. Ils conseillent de n'avoir aucune dispute avec des insensés, toujours prêts à entrer en fureur, & si éloignés de la prudence, qu'ils ne font & n'entreprennent rien que par des boutades qui tiennent de la folie. Le sage au contraire fait toutes choses avec poids & mesure, semblable au musicien Isménias, qui jouait parfaitement bien tous les airs de flûte. Tout est au sage en vertu de la pleine puissance qui lui est accordée par la loi. Quant aux méchants & aux insensés, ils ont bien droit sur certaines choses ; mais on doit les comparer à ceux qui possèdent des biens injustement. Au reste, nous distinguons le droit de possession qui appartient au public, d'avec le pouvoir d'usage[41].

Les stoïciens pensent que les vertus sont tellement unies les unes avec les autres, que celui, qui en a une, les a toutes, parce qu'elles naissent en général du même fond de réflexions, comme le disent Chrysippe dans son livre des *Vertus*, Apollodre dans sa *Physique ancienne*, & Hecaton dans son troisième livre des *Vertus*. Car un homme vertueux joint la spéculation à la pratique, & celle-ci renferme les choses qui demandent un bon choix, de la patience, une sage distribution & de la persévérance. Or, comme le sage fait certaines choses par esprit de choix, d'autres avec patience, celles-ci avec équité, celles-là avec persévérance, il est en même temps prudent, courageux, juste & tempérant. Chaque vertu se rapporte à son chef particulier. Par exemple, les choses, qui exigent de la patience, sont le sujet du courage ; le choix de celles qui doivent être laissées & de celles qui sont neutres, est le sujet de la prudence. Il en est ainsi des autres, qui ont toutes un sujet d'exercice particulier. De la prudence viennent la maturité & le bon sens ; de la tempérance procèdent l'ordre & la décence ; de la justice naissent l'équité & la candeur ; du courage, proviennent la constance, la résolution.

Les Stoïciens ne croient pas qu'il y ait de milieu entre le vice & la vertu, en cela contraires à l'opinion des Péripatéticiens, qui établissent que les progrès sont un milieu de cette nature. Ils se fondent sur ce que comme il faut qu'un morceau de bois soit droit ou courbé, il faut de même qu'on soit juste, & qu'il ne peut y avoir de superlatif à l'un ou à l'autre égard. Ce raisonnement est le même qu'ils font sur les autres vertus Chrysippe dit que la vertu peut se perdre ; Cléanthe soutient le contraire. Le premier allègue pour causes, qui peuvent faire perdre la vertu, l'ivrognerie & la mélancolie ; le second s'appuie sur la solidité des idées qui forment la vertu. Ils disent qu'on doit l'embrasser, puisque nous avons honte de ce que nous faisons de mauvais ; ce qui démontre que nous savons que l'honnêteté seule est le vrai bien. La vertu suffit aussi pour rendre heureux, disent avec Zénon Chrysippe dans son premier livre des *Vertus,* & Hécaton dans son deuxième livre des *Biens.* Car si la grandeur d'âme, qui est une partie de la vertu, suffit pour que nous surpassions tous les autres, la vertu elle-même est aussi suffisante pour rendre heureux, d'autant plus qu'elle nous porte à mépriser les choses que l'on répute pour maux. Néanmoins Panetius & Posidonius prétendent que ce n'est point assez de la vertu, qu'il faut encore de la santé, dela force du corps & de l'abondance nécessaire. Une autre opinion des Stoïciens est que la vertu requiert qu'on en fasse toujours usage, comme dit Cléanthe, parce qu'elle ne peut se perdre, & que lorsqu'il ne manque rien à la perfection de l'âme, le sage en jouit à toutes sortes d'égards.

Ils croient que la justice est ce qu'elle est, & non telle par institution. Ils parlent sur le même ton de la Loi & de la droite raison, ainsi que le rapporte Chrisuppe dans son livre de *l'Honnête.* Ils pensent aussi que la diversité des opinions ne doit pas engager à renoncer à la Philosophie, puisque par une pareille raison il faudroit aussi quitter toute la vie, dit Posidonius dans ses *Exhortations.* Chrysippe trouve encore l'étude des humanités fort utile. Aucun droit, selon les Stoïciens, ne lie les hommes envers les autres animaux, parce qu'il n'y a entre eux aucune ressemblance, dit encore Chrysippe dans son premier livre du *Devoir.* Le sage peut prendre de l'amitié pour de jeunes gens qui paraissent avoir de bonnes dispositions pour la vertu. C'est ce que rapportent Zénon dans sa *République,* Chrysippe dans son premier livre des *Vies*, & Apollodore dans sa *Morale*. Ils définissent cet attachement, *Un goût de bienveillance qui nait des agréments de ceux qu'il a pour objet, & qui ne va point jusqu'à des sentiments plus fort ; mais demeure renfermé dans les bornes de l'amitié*[42]. On est a un exemple dans Thrason, qui, quoiqu'il est sa maitresse en sa puissance, s'abstint d'en abuser, parce qu'elle le haïssait[43] Iles appellent donc cette inclination un *Amour d'amitié', qu'ils ne taxent point de vicieuse, ajoutant que les agréments de la première jeunesse sont une fleur de la vertu.*

Selon Bion, des trois sortes de vies, spéculative, pratique & raisonnable, la dernière doit être préférée aux autres, parce que l'animal raisonnable est naturellement fait pour s'appliquer à la contemplation & à la pratique. Les Stoïciens présument que le sage peut raisonnablement s'ôter la vie, soit pour le service de sa patrie, soit pour celui de ses amis, ou lorsqu'il souffre de trop grande douleurs, qu'il perd quelque membre, ou qu'il contracte des maladies incurables. Ils croient encore que les sages doivent avoir communauté de femmes, & qu'il leur est permis de se servir de celles qu'on rencontre. Telle est l'opinion de Zénon dans sa *République*, de Chrysippe le Cynique & de Platon. Ils la fondent sur ce que cela nous engage à aimer tous les enfants, comme si nous en étions les pères, & que c'est le moyen de bannir la jalousie que cause l'adultère. Ils pensent que le meilleur gouvernement est celui qui est m^lé de la démocratie, de la monarchie & de l'aristocratie. Voilà quels sont les sentiments des Stoïciens sur la morale. Ils avancent encore sur ce sujet d'autres choses, qu'ils prouvent par des arguments particuliers ; mais c'en est assez de ce que nous avons dit sommairement sur les articles généraux.

Quant à la Physique, ils en divisent le système en plusieurs parties, c'est-à-dire en ce qui regarde les corps, les principes, les éléments, les Dieux, les prodiges, le lieu & le vide. C'est là ce qu'ils appellent *la division par espèces*. Celle, qui est par genres, renferme trois parties ; l'une du monde, l'autre des éléments, la dernière des causes. L'explication de ce qui regarde le monde se divise en deux parties. La première est une considération du monde, où l'on fait entrer les questions des Mathématiciens sur les étoiles fixes & errantes, comme si le soleil & la lune sont des astres aussi grands qu'ils paraissent, sur le mouvement circulaire & autres semblables. L'autre manière de considérer le monde appartient aux Physiciens. On y recherche quelle est son essence, & si le soleil & les astres sont composés de matière & de forme, si le monde est engendré ou non, s'il est animé ou sans âme, s'il est conduit par une Providence, & autres questions de cette nature. La partie de la Physique, qui traite des causes, est aussi double. La première comprend les recherches des Médecins & les questions qu'ils traitent sur la partie principale de l'âme ; sur les choses qui s'y passent ; sur les germes & autres sujets semblables. La seconde comprend aussi des matières que les Mathématiciens s'attribuent, comme la manière dont se fait la vision ; quelle est la cause du phénomène que forme un objet vu dans un miroir ; comment se forment les nuées, les tonnerres, les cercles qui paraissent autour du soleil & de la lune, les comètes, & les autres questions de cette nature.

Ils établissent deux principes de l'Univers, dont ils appellent l'un *Agent*, & l'autre *Patient*. Le principe patient est la matière, qui est une substance sans qualités. Le principe, qu'ils nomment agent, est la raison qui agit sur la matière ; savoir Dieu, qui, étant éternel, crée toutes les choses qu'elle contient. Ceux, qui établissent ce dogme, sont Zénon Cittien dans son livre de la *Substance*, Cléanthe dans son livre des *Atomes*, Chrysippe dans le premier livre de sa *Physique* vers la fin, Archédème dans son livre des *Éléments*, & Posidonius dans son deuxième livre du *Système Physique*. Ils mettent une différence entre les principes & les éléments. Les premiers ne sont ni engendrés, ni corruptibles ; les seconds se corromront par un embrasement. Les principes sont aussi incorporels & sans-forme, au lieu que les éléments en on une. Le corps, dit Apollodore dans sa *Physique*, est ce qui a trois dimensions, la longueur, la largeur & la profondeur ; & c'est ce qu'on appelle un corps solide. La superficie est composée des extrémités du corps, & elle n'a que de la longueur & de la largeur, sans profondeur. C'est ainsi que l'explique Posidonius dans son troisième livre des *Météores*, considérés, tant selon la manière de les entendre que selon leur subsistance[44]. La ligne est l'extrémité de la superficie, ou une longueur sans largeur ; ou bien ce qui n'a que de la longueur. Le point est l'extrémité de la ligne, & forme la plus petite marque qu'il y ait. Les Stoïciens disent que l'entendement, la destinée & Jupiter ne sont qu'un même Dieu, qui reçoit plusieurs autres dénominations ; que c'est lui qui, par le moyen des principes qui sont en lui, change toute la substance d'air en eau ; & que comme les germes sont contenus dans la matière, il en est de même de Dieu, considéré comme raison séminale du monde ; que cette raison demeure dans la substance aqueuse, & reçoit le secours de la matière pour les choses qui sont formées ensuite ; enfin, qu'après cela, Dieu a créé premièrement quatre éléments, le feu, l'eau, l'air & la terre. Il est parlé de ces éléments dans le premier livre de Zénon sur l'*Univers*, dans le premier livre de la *Physique* de Chrysippe & dans un ouvrage d'Archédème sur les *Éléments*.

Ils définissent l'élément ce qui entre le premier dans la composition d'une chose, & le dernier dans sa résolution. Les quatre éléments constituent ensemble une substance sans qualités, qui est la matière. Le feu est chaud, l'eau humide, l'air froid, la terre sèche, & il y a aussi quelque chose de cette qualité dans l'air. Le feu occupe le lieu le plus élevé, & ils lui donnent le nom d'*éther*. C'est-là que fut formé premièrement l'orbe des étoiles fixes, puis celui des étoiles errantes, % placent ensuite l'air après l'eau. Enfin, la terre occupe le lieu le plus bas, qui est en même temps le centre du monde.

Ils prennent le mot de *monde* en trois sens ; premièrement pour Dieu même, qui s'approprie la substance universelle, qui est incorruptible, non engendré, l'auteur de ce grand & belle ouvrage, qui enfin, au bout de certaines révolutions de temps engloutit en lui-même toute la substance, & l'engendre de nouveau hors de lui-même. Ils donnent aussi le nom de *monde* à l'arrangement des corps célestes, & appellent encore ainsi la réunion des deux idées précédentes. Le monde est la disposition de la substance universelle en qualités particulières, ou, comme dit Posidonius dans ses *Elemens sur la Science des Choses célestes*, l'assemblage du ciel & de la terre, & des natures qu'ils contiennent ; ou bien l'assemblage des Dieux, des hommes, & des choses qui sont créées pour leur usage. Le ciel est la dernière conférence dans laquelle réside tout ce qui participe à la Divinité. Le monde est gouverné avec intelligence & conduit par une Providence, comme si explique Chrysippe dans ses livres des *Elemens des Choses célestes*, & Posidonius dans ce sentiment que l'entendement est répandu dans toutes les parties du monde, comme il l'est dans notre âme, moins cependant dans les unes & plus dans les autres. Il y en a de certaines où il n'a qu'un usage de faculté, comme dans les os & les nerfs ; il y en a encore dans lesquelles il agit comme entendement, par exemple, dans la partie principale de l'âme. C'est ainsi que le monde universel est un animal doué d'âme & de raison, dont la partie principale est l'éther, comme le dit Antipater Tyrien dans son huitième livre de *Monde*. Chrysippe, dans son premier livre de la *Providence*, & Posidonius dans son livre des *Dieux*, prennent le ciel pour la partie principale du monde : Cléanthe admet le soleil ; mais Chrysippe, d'un avis encore plus différent, prétend que c'est la partie la plus pure de l'éther, qu'on ap^pelle aussi le *Premier des Dieux*. qui pénètre, pour ainsi dire, comme un sens, dans les choses qui sont l'air, dans les animaux & dans les plantes ; mais qui n'agit dans la terre que comme une faculté.

Il n'y a qu'un monde, terminé, & de forme sphérique ; forme la plus convenable pour le mouvement, comme dit Posidonius dans son quinzième livre du *Système Physique,* avec Antipater dans ses livres du *Monde*. Le monde est environné extérieurement d'un vide infini, & incorporel. Ils appellent *incorporel* ce qui, pouvant être occupé par des corps, ne l'est point. Quant à l'intérieur du monde, il ne renferme point de vide, mais tout y est nécessairement uni ensemble par le rapport & l'harmonie que les choses célestes ont avec les terrestres. Il est parlé du vide dans le premier livre de Chrysippe sur cet article, & dans son premier livre des *Systèmes Physiques*, aussi bien que dans la *Physique* d'Apollophane, dans Apolodore, & dans Posidonius au deuxième livre de son traité de *Physique*. Ils disent que les choses incorporelles sont semblables, & que le temps est incorporel, étant un intervalle du mouvement du monde. Ils ajoutent que le passé & le futur n'ont point de bornes, mais que le présent est borné. Ils croient aussi que le monde est corruptible, puisqu'il a été produit ; ce qui se prouve par ce qu'il est composé d'objets qui se comprennent par les sens, out que si les parties du monde sont corruptibles, le tout l'est aussi. Or les parties du monde sont corruptibles puisqu'elles se changent l'une dans l'autre ; ainsi, le monde est corruptible aussi. D'ailleurs si on peut prouver qu'il y a des choses qui changent se manière qu'elles soient dans un état plus mauvais qu'elles n'étoient, elles sont corruptibles. Or cela a lieu par rapport au monde, car il est sujet à des excès de sécheresse & d'humidité. voici comment ils expliquent la formation du monde. Après que la substance [45] eût été convertie de feu en eau par le moyen de l'air, la partie la plus grossière se changera en air ; & la plus subtile produisit le feu ; de sorte que leur mélange provinrent ensuite les plantes, les animaux & les autres genres. Ce qui regarde cette production du monde & sa corruption, est traité par Zénon dans son livre de la *Physique*, par Posidonius dans son premier livre du *Monde*, par Cléanthe, & par Antipater dans son dixième livre sur le même sujet. Au reste Panetius soutient que le monde est incorruptible. Sur ce que le monde est un animal doué de vie, de raison & d'intelligence, on peut voir Chrysippe dans son premier livre de *la Providence*, Apollodore dans sa *Physique* & Posidonius, le monde est un animal au sens de substance, douée d'une âme sensible ; car ce qui est un animal est meilleur que ce qui ne l'est point : or il n'y a rien de plus excellent que le monde ; donc, le monde est un animal. Qu'il est doué d'une âme, c'est ce qui parrait par la nôtre, laquelle en est une portion détachée ; Boèthe nie cependant que le monde soit animé. Qunat à ce que le monde est unique, on peut consulter Zénon, qui l'affirme dans son livre de l'*Univers*, Chrysippe, Apollodore dans sa *Physique*, & Posidonius dans le premier livre de son *Système Physique*. Apollodore dit qu'on donne au monde e nom de *tout*, & que ce terme se prend aussi d'une autre manière pour désigner le monde avec le vide qui l'environne extérieurement. Il faut ce souvenir, que le monde est borné, mais que le vide est infini.

Pour ce qui est des astres, les étoiles fixes sont emportées circulairement avec le ciel ; mais les étoiles errantes ont leurs mouvements particuliers. Le soleil fait sa route obliquement dans le cercle du Zodiaque, & la lune a pareillement une route pleine de détours. Le soleil est un feu très pur, dit Posidonius dans son dix-septième livre des *Météores*, & plus grand que la terre, selon le même Auteur dans son seizième livre du *Système Physique*. Il le dépeint de forme sphérique, suivant en cela la proportion du monde. Il paraît être un globe igné, parce qu'il fait toutes les fonctions du feu ; plus grand que le globe de la terre, puisqu'il l'éclaire en tous sens, & qu'il répand même sa lumière dans toute l'étendue du ciel. On conclut encore de l'ombre que forme la terre en guise de cône, que le soleil la surpasse en grandeur, & que c'est pour cette raison qu'on l'aperçoit apr-tout. La lune a quelque chose de plus terrestre, comme étant plus près de la terre. Au reste les corps ingés ont une nourriture, aussi-bien que les autres astres. Le soleil se nourrit dans l'Océan, étant une flamme intellectuelle. La lune s'entretient de l'eau des rivières, parce que, selon Posidonius dans son sixième livre de *Système Physique*, elle est mêlée d'air & voisine de la terre, d'où les autres corps tirent leurs nourritures. Ces Philisophes croient que les astres sont de figure sphérique,

& que la terre est immobile. Ils ne pensent pas que la lune tire sa lumière d'elle-même, ils tiennent au contraire qu'elle la reçoit du soleil. Celui-ci s'éclipse, lorsque l'autre lui est opposée du côté qu'il regarde la terre, dit Zénon dans son livre de l'*Univers*. En effet, le soleil disparaît à nos yeux pendant sa conjonction avec la lune, & reparaît lorsque la conjonction est finie. On ne saurait mieux remarquer ce phénomène que dans un bassin où on a mis de l'eau. La lune s'éclipse, lorsqu'elle tombe dans l'ombre de la terre. De là vient que les éclipses de Lune n'arrivent que quand elle est pleine, quoiqu'elle soit tous les mois vis-à-vis du soleil ; car comme elle se meut obliquement vers lui, sa latitude varie selon qu'elle se trouve au Nord, ou au Midi. Mais lorsque sa latitude se rencontre avec celle du soleil & avec celle des corps qui sont entre-deux & qu'avec cela elle est opposée au soleil, alors s'enfait l'éclipse. Posidonius dit que le mouvement de sa latitude se rencontre avec celle des corps intermédiaires dans l'écrevisse, le scorpion, le bélier & lr taureau.

Dieu selon, les stoïciens, est un animal immortel, raisonnable, parfait, ou intellectuel dans sa félicité, inaccessible au mal, lequel prend soin du monde & des choses y contenus. Il n'a point de forme humaine, il est l'architecte de l'univers, & le père de toutes choses. On donne aussi vulgairement la qualité d'architecte du monde à cette partie de la divinité qui est répandue en toutes choses, & qui reçoit diverses dénominations, eu égard à ses différents effets. On l'appelle *Jupiter*, parce que, selon la signification de ce terme, c'est d'elle que viennent toutes choses, & qu'elle est le principe de la vie, ou qu'elle est unie à tout ce qui vit ; *Minerve*, parce que sa principale action est dans l'éther ; *Junon*, en tant qu'elle domine dans l'air ; *Vulcain*, en tant qu'elle préside au feu artificiel ; *Neptune*, en tant qu'elle tient l'empire des eaux ; *Cerès*, en tant qu'elle gouverne la terre. Il en est de même des autres dénominations sous lesquelles on la distingue relativement à quelque propriété. Le monde entier & le ciel sont la substance de dieu, disent Zénon, Chrysippe dans son livre onzième des *Dieux*, & Posidonius dans son livre, intitulé de même. Antipater, dans son septième livre du *Monde*, compare la substance divine à celle de l'air, & Boêthe, dans son livre de la *Nature*, veut qu'elle ressemble à la substance des étoiles fixes.

Quant à la nature, tantôt ils donnent ce nom à la force qui unit les parties du monde, tantôt à celle qui fait germer toutes choses sur la terre. La nature est une vertu, qui, par un mouvement qu'elle a en elle-même, agit dans les semences ; achevant & unissant dans des espaces de temps marqués ce qu'elle produit, & formant des choses pareilles à celles dont elle a été séparée[46]. Au reste elle réunit dans cette action l'utilité avec le plaisir, comme cela paraît par la formation de l'homme. Toutes choses sont soumises à une destinée, disent Chrysippe dans ses livres sur ce sujet, Posidonius dans son deuxième livre sur la même matière, & Zénon, aussi bien que Boêthe, dans son onzième livre de la

Destinée. Cette destinée est l'enchaînement des causes, ou la raison par laquelle le monde est dirigé.

Les Stoîciens prétendent que la division a un fondement réel, & qu'elle est même une prévision. Ils la réduisent en art par rapport à certains événements, comme disent Zénon, Crysippe dans son deuxième livre de l a*Divination*, Athénodore, & Posidonius dans son douzième livre du *Système physique,* ainsi que dans son cinquième livre de la *Dviniation*. Panetius est d'un sentiment contraire ; il refuse à la divination ce que lui prêtent les autres.

Ils disent que la substance de tous les êtres est la matière première. C'est le sentiment de Chrysippe dans son premier livre de *Physique,* & celui de Zénon. La matière est ce, dont toutes choses, quelles qu'elles soient, sont produites. On l'appelle *substance & matière* en deux sens, en tant qu'elle est substance & matière dont toutes choses sont faites, & en tant qu'elle est substance & matière de choses particulières. Comme matière universelle, elle n'est sujette, ni à augmentation, ni à diminution ; comme matière de choses particulières, elle est susceptible de ces deux accidents. La substance est corporelle & bornée, disent Antipater dans son deuxième livre de la *Substance,* & Apollodore dans sa *physique*. Elle est aussi paisible, selon le même auteur ; car si elle n'étoit pas muable, les choses, qui se font, ne pourroient en être faites. De là viens aussi, qu'elle est divisible à l'infini.. Chrysippe trouve cependant que cette division n'est point infinie, parce que le sujet, qui reçoit la division, n'est point infini ; mais il convient que la division ne finit point.

Les mélanges se font par l'union de toutes les parties, & non par une simple addition de l'une à l'autre, ou de manière que celles-ci environnent celles-là, comme dit Chrysippe dans son troisième livre de *Physique*. Par exemple, un peu de vin, jetté dans la mer, résiste d'abord en s'étendant ; mais s'y perd ensuite.

Ils croient aussi qu'il y a certains démons qui ont quelque sympathie avec les hommes, dont ils observent les actions, de même que des héros, qui sont les âmes des gens de bien.

Quant aux effets qui arrivent dans l'air, ils disent que l'hiver est l'air refroidi par le grand éloignement du soleil ; le printemps, l'air tempéré par le retour de cet astre ; l'été, l'air échauffé par son cours vers le Nord ; & l'automne l'effet de son départ vers les lieux d'où viennent les vents[47]. La cause de ceux-ci est le soleil, qui convertit les nuées en vapeurs. L'arc-en-ciel est composé de rayons, réfléchis par l'humidité des nuées, où, comme dit Posidonius dans son traité des *Choses célestes*, c'est l'apparence d'une portion du soleil, ou de la lune vue dans une nuée pleine de rosée, concave & continue, qui se manifeste sous la forme d'un cercle de la même manière qu'un objet vû dans un miroir. Les comètes, tant celles qui sont chevelues, que les autres qui ressemblent à des torches, sont des feux produits par un air épais, qui s'élève jusqu'à la sphère de l'éther. L'étoile volante est un feu rassemblé, qui s'enflamme dans l'air, & qui, étant emporté sort rapidement, paraît à l'imagination avoir une certaine longueur. La pluie se forme des nuées, qui se convertissent en eau lorsque l'humidité, élevée de la terre, ou de la mer par la force du soleil, ne trouve pas à être employée à d'autres effets. La pluie, condensée par le froid, se ressoude en gelée blanche. La grêle est une nuée compacte, rompue par le vent ; la neige, une nuée compacte qui se change en une matière humide. dit Posidonius dans son huitième livre du *Système Physique*. L'éclair est une inflammation des nuées, qui s'entrechoquent & se déchirent par la violence du vent, dit Zénon dans son livre de l'*Univers*. Le tonnerre est un bruit, causé par les nuées qui se heurtent & se fracassent. La foudre est une forte & subite inflammation, qui tombe avec impétuosité sur la terre par le choc, ou la rupture des nuées, & selon d'autres, un amas d'air enflammé & rudement poussé sur la terre. L'ouragan est une sorte de foudre, qui s'élance avec une sorte extrême, ou un assemblage de vapeurs embrasées, & détachées d'une nuée qui se brise. Le tourbillon est une nuée environnée de feu & accompagnée d'un vent qui sort des cavités de la terre, ou jointe à un vent comprimé dans les souterrains, comme l'explique Posidonius dans son huitième livre. Il y en a de différentes espèces. Les uns causent les tremblements de terre, les autres les gouffres, ceux-ci des inflammations, ceux-là des bouillonnements.

Voici comme ils conçoivent l'arrangement du monde. Ils mettent la terre au milieu, & la font servir de centre ; ensuite ils donnent à l'eau, qui est de forme sphérique, le même centre qu'a la terre ; de sorte que celle-ci se trouve être placée dans l'eau ; après ce dernier élément, vient l'air qui l'environne comme une sphère. Ils posent dans le ciel cinq cercles, dont le premier est le cercle arctique qu'on voit toujours ; le second, le tropique d'été ; le troisième, le cercle équinoxial ; le quatrième, le tropique d'hiver ; le cinquième, le cercle antarctique, qu'on n'aperçoit pas. On appelle ces cercles *Prallèles* parce qu'ils sont décrits autour du même pôle. Le zodiaque est un cercle oblique, qui, pour ainsi dire, traverse les cercles parallèles. La terre est aussi partagée en cinq zones : en zone septentrionale au-delà du cercle arctique, inhabitable par la froidure ; en zone tempérée ; en zone torride, ainsi nommée à cause de sa chaleur, qui la rend inhabitable ; en zone tempérée comme celle qui lui est opposée, & en zone australe, aussi inhabitable pour sa froidure que le sont les deux autres.

Les stoïciens se figurent que la nature est un feu plein d'art, lequel renferme dans son mouvement une vertu générative ; c'est-à-dire un esprit qui a les qualités du feu & celle de l'art. Ils croient l'âme douée de sentiment, & l'appellent *un Esprit formé avec nous* ; aussi en font-ils un corps, qui subsiste bien après la mort, mais qui cependant est corruptible. Au reste ils tiennent, que l'âme de l'univers, dont les âmes des animaux sont des parties, n'est point sujette à corruption.

Zénon Cittien, Antipater dans ses livres de l'*Ame* & Posidonius nomme l'âme *un Esprit doué de chaleur*, qui nous donne la respiration & le mouvement. Cléanthe est d'avis que toutes les âmes se conservent jusqu'à la conflagration du monde ; mais Chrysippe restreint cette durée aux âmes des sages. Ils comptent huit parties de l'âme ; les cinq sens, les principes de génération, la faculté de parler, & celle de raisonner. La vue est une figure conoïde, formée par la lumière entre l'œil & l'objet vu, dit Chrysippe dans son deuxième livre de *Physique*. Selon l'opinion d'Apollodore, la partie de l'air, qui forme la pointe du cône, est tournée vers l'œil, & la base vers l'objet, comme si on écartait l'air avec un bâton pour rendre l'objet visible. L'ouïe se fait par le moyen de l'air qui se trouve entre celui qui parle & celui qui écoute, lesquels, frappé orbiculairement, ensuite agité en ondes, s'insinue dans l'oreille de la même manière qu'une pierre, jetée dans l'eau, l'agite & y cause une ondulation. Le sommeil consiste dans un relâchement de l'âme. Ils donnent pour cause des passions les changements de l'esprit.

La semence, disent les stoïciens, est une chose propre à en produire une pareille à celle dont elle a été séparée. Par rapport aux hommes, elle se mêle avec les parties de l'âme, en suivant la proportion de ceux qui s'unissent. Chrysippe, dans son deuxième livre de *Physique*, appelle les semences un *Esprit joint à la substance* ; ce qui paraît par les semences qu'on jette à terre, & qui, lorsqu'elles sont flétries, N'ont plus la vertu de rien produire, parce que la force en est perdue. Sphoerus assure que les semences proviennent des corps entiers ; de sorte que la vertu générative appartient à toutes les parties du corps. Il ajoute que les germes des animaux femelles n'ont point de fécondité, étant foibles, en petite quantité & de nature aqueuse.

La partie principale de l'âme est ce qu'elle renferme de plus excellent. C'est-là que se forment les images que l'âme conçoit, que naissent les penchants, les désirs, & tout ce qu'on exprime par la parole. On place cette partie de l'âme dans le cœur.

Ceci, je crois, peut suffire pour ce qui regarde les sentiments des stoïciens sur la physique, autant qu'ils concernent l'ordre de cet ouvrage *Voyons* encore quelques différences d'opinions qui subsistent entre ces philosophes.

1. ↑ Selon *Mer. Casanbon*, c'est une allusion à la constellation de Chien.
2. ↑ Le mot *Pacile* signifie varié. Cet endroit étoit situé sut le Marché. *Ménage*. Le mot Stoïcien vient d'un terme qui signifie *portique*.
3. ↑ D'autres corrigent, Aristodème.
4. ↑ *Ménage* & autres Interprètes Latins ne disent rien sur ce passage ; *Boileau & Fougerolles* le défigurent. Je crois qu'il s'agit du monde qui s'assemblait autour de Zénon lorsqu'il donnait ses leçons, & je suppose qu'il y avoit des degrés au portique du Poecile, où il se tenait, & que c'est de ce Portique que parle Diogène Laërce.
5. ↑ *Étienne* traduit le mot original *un instrument à quatre cordes*. C'étoit apparemment une espèce de violon.
6. ↑ Il y a des variations sur ce passage.
7. ↑ Allusion à ce que Polémon enseignoit pour rien. *Fougerolles*
8. ↑ Selon *Kuknius*, il faut traduire, *de faire des gestes d'applaudissement ;* l'un vaut l'autre pour le sens.
9. ↑ C'est-à-dire qu'il devrait écouter autant qu'il parlait.
10. ↑ Il y a dans le Grec, la *fleur* de la voix.
11. ↑ Diodore étoit de la Secte Mégarique. Ces Philosophes enseignoient dans un jardin. 'Ménage.
12. ↑ C'est le nom d'une espèce de Syllogisme. Les Anciens appeloient leurs Syllogismes de divers noms.
13. ↑ Hérode avoit dit tout le contraire.

14. ↑ C'est-à-dire Thalie, nom d'une des Grâces de la fable, & aussi d'une des Muses qui présidait sur les fruits de la terre. De là vient que Thalie signifie quelquefois la volupté. Voyez *le Thrésor* d'Étieme. La fin de ces vers paraît désigner les Épicuriens. *Meiboom.* Au reste Diogène Laërce les a déjà rapportés dans la vie d'Antisthène.
15. ↑ Terme de Logique, qui revient à celui de proposition.
16. ↑ Plante. Voyez *Étienne, Pline, Riebelet.*
17. ↑ Le mot de *versets* n'est point dans l'original. *Aldebrandin* ne sait personne qui ait expliqué *ces deux cents, Ménage* croit que c'est un ouvrage, & se fonde sur un endroit pareil de la Vie de Chrysippe, où il est parlé d'un ouvrage sur Jupiter & Junon.
18. ↑ Le savant *le Clerc* a fait usage de cet exemple dans son *Art Critique*, T. 2. p. 277. où il parle des corruptions frauduleuses des Manuscrits, & on peut remarquer, par cet exemple même, que ce qui empêche qu'on ne puisse insérer de là le Pyrrhonisme historique, c'est que des corruptions considérables, comme celle-là, ne pouvoient guère rester cachées.
19. ↑ C'est-à-dire qui en faisait le souverain bien. *Is Casaubon.*
20. ↑ *Ménage* corrige le nom *Ephillus* ; il est pourtant dans *Vossius*, Hist. Gr.
21. ↑ Je crois que cela veut dire *vraisemblable.*
22. ↑ En Grec *lieux de la voix.*
23. ↑ Ce sont, comme on l'a remarqué plus haut, divers noms de Syllogismes qu'on ne pourrait rendre autrement que par de longues périphrases. L'argument, nommé *impersonnel*, est expliqué à la fin de cette Dialectique, ce sont ceux qui ne désignent personne.
24. ↑ Voyez le Trésor d'Étienne au mot : *lemme.*
25. ↑ Ce mot est pris ici au sens de chose imaginée, ou de représentation d'un objet.
26. ↑ Il y a en Grec *imaginations compréhensibles & incompréhensibles.* Cicéron, *Questions Académ.* L. I. vers la fin, prend le mot de *comprendre* au sens de *saisir.* Is. Casaubon croit qu'il manque quelque mot dans ce passage.
27. ↑ Le mot signifie ici l'organe commun des sensations.
28. ↑ Voici, je crois, une trace de mot de *Corps*, pris au sens de *substance* : Cela vient à propos dans l'*Histoire Ecclésiastique.*
29. ↑ La manière de parler en termes ordinaires étoit ce qu'on appelait *Idiotisme.* Elles consistait à exprimer chaque chose par les termes qui lui étoient propres, & c'étoit, dit-on, le style des gens sans lettres, l'éloquence consistant à employer des termes recherchés. *Ménage.*
30. ↑ On croit qu'il manque ici quelque chose. *Ménage.*
31. ↑ Il appelle ici *droits* les verbes actifs. *Alderandin*

32. ↑ Cette construction paraît donner à connaître que le terme de l'original, que nous avons traduit *renversé*, & qui est assez difficile à rendre, est pris par Diogène pour signifier le passif.
33. ↑ Il y a en Grec *Axiome* ; mais le sens fait voir que Cicéron a fort bien traduit ce mot par *Énonciation*, ou *Proposition*.
34. ↑ Le mot Grec, que je traduis *Mode*, est *Trope* ; & Mode raisonné *Logotrope*.
35. ↑ Je fais une correction de *Menage*.
36. ↑ On croit que la troisième distinction manque ; c'est-à-dire, *comme bien par la nature de l'action*. *Ménage*.
37. ↑ C'est-à-dire comme *fins* de la conduite qu'on tient.
38. ↑ Les Stoïciens mettoient des nombres dans la vertu. *Tout devoir est composé de certains nombres*. Marc Antoine, VI. ? 26. *Dacier* a traduit, *d'un certain nombre de choses*
39. ↑ Nous préférons les expressions *approuver & rejeter*, justifiées par la définition de Diogène, à d'autres plus littérales, mais qui ne forment pas de sens en Français.
40. ↑ Je suis une correction de *Kidbnius*.
41. ↑ C'est-à-dire que toutes choses appartiennent aux sages, entant qu'ils sont propres à faire un bon usage de tout. C'est une manière de parler, comme quelques autres traits de ce portrait du sage.
42. ↑ Il faut prendre garde à cette définitions, parce qu'elle justifie les anciens philosophes du reproche qu'on a fait à quelques-uns d'avoir de mauvais attachements.
43. ↑ *Casaubon* croit cet endroit défectueux.
44. ↑ Il paraît y avoir ici quelques équivoque, ou obscurité, & il n'y a point de note.
45. ↑ La matière. Voyez ci-dessus.
46. ↑ c'est-à-dire, je crois, dont elle a été séparée avec les semences dans lesquelles elle agit.
47. ↑ . Il manque ici quelque chose dans le Grec ; on y supplée par toute une période. J'ai mieux aimé suivre *Fongerelles*, qui ne supplée qu'un mot, quoiqu'il ne soit pas d'ailleurs herbeux dans presque tout ce livre.

ARISTON.

A RISTON *le Chauve*, natif de Chio & surnommé *Sirene*, faisoit consister la fin, qu'on doit se proposer, à être indifférent sur ce où il n'y ni vice, ni vertu. Il n'exceptoit aucune de ces choses, ne penchoit pas plus pour les unes que pour les autres, & les regardoit toutes du même œil. *Le sage,* ajoutoit-il, *doit ressembler à un bon Acteur, qui soit qu'il joue le rôle de Thersite*[1]*, ou celui d'Agamemnon, s'en acquitte d'une maniere également convenable* Il vouloit qu'on ne s'appliquât, ni à la physique, ni à la logique, sous prétexte que l'une de ces sciences étoit au-dessus de nous, & que l'autre ne nous intéressoit point. La Morale lui paroissoit être le seul genre d'étude qui fût propre à l'homme. Il comparoit les raisonnemens de la Dialectique aux toiles d'araignées, qui, quoiqu'elles semblent renfermer beaucoup d'art, ne sont d'aucun usage. Il n'étoit ni de l'avis de Zénon, qui croyoit qu'il y a plusieurs sortes de vertus, ni de celui des philosophes Mégariens, qui disoient que la vertu est une chose unique, mais à laquelle on donne plusieurs noms. Il la définissait *la manière dont il faut s conduire par rapport à une chose.* Il enseignait cette philosophie dans le Cybosarge [2], & devient ainsi chef de secte. Miltiade & Diphilus furent appellés *Aristontiens* du nom de leur Maître. Au reste il avoit beaucoup de talent à persuader, & étoit extrêmement populaire dans ses leçons. De là cette expression de Timon.

Quelqu'un, sorti de la famille de cet Ariston qui étoit si affable.

Diocles de Magnéfie raconte qu'Ariston, s'étant attaché à Polemon, changea de sentiments à l'occasion d'une grande maladie oz tomba Zénon. Il insistait beaucoup sur le dogme stoïcien, que le sage ne doit point juger par simple opinion. Persée, qui contredirait ce dogme, se servit de deux frères jumeaux, dont l'un vient lui confier un dépôt, que l'autre vient lui redemander, & le tenant ainsi en suspens, il lui fit sentir son erreur. Il critiquait fort & haïssait Arcesilas ; de sorte qu'un jour ayant vu un monstrueux taureau qui avoit une matrice, il s'écria : *Hélas ! voilà pour Arcesilas un argument contre l'évidence* [3]. Un philosophe académicien lui soutint qu'il n'y avoit rein de certain. *Quoi !* dit-il, *ne voyez vous pas celui qui est assis à côté de vous ?* „ Non, répondit l'autre". Sur quoi Ariston reprit, *Qui vous a ainsi aveuglé ? qui vous a ôté l'usage des yeux*[4] *?*

On lui attribue les ouvrages suivans : *Deux livres d'Exhortations. Des Dialogues sur la Philosophie de Zénon. Sept autres Dialogues d'école. Sept Traités sur la sagesse. Des Traités sur l'Amour. Des Commentaires. Trois livres de Choses mémorables. Onze livres de Cbries. Des*

Traités contre les Orateurs. des Traités contre les Dialecticiens. Quatre livre de Lettres À Cléanthe.

Panetius & Sosicrate disent qu'il n'y a que ces lettres qui soient de lui, & attribuent les autres ouvrages de ce catalogue à Ariston le Péripatéticien.

Selon la voix commune, celui, dont nous parlons, étant chauve, fut frappé d'un coup de soleil ; ce qui lui causa la mort. C'est à quoi nous avons fait allusion dans ces vrs Choliambes [5] que nous avons composés à son sujet.

Pourquoi vieux & chauve, Ariston, donnais-tu sa tête à rôtir au soleil ? En cherchant plus de chaleur qu'il ne t'en faut, tu tombes, sans le vouloir, dans les glaçons de la mort.

Il y a eu un autre Ariston, natif d'Ioulis, Philosophe Péripatéticien ; un troisieme, Musicien d'Athenes ; un quatrieme, Poëte Tragique ; un cinquieme du bourg d'Alæe, qui écrivit des Systêmes de Rhétorique, & un sixieme, né à Alexandrie, & Philosophe de la Secte Péripatéticienne.

1. ↑ Homme laid & grossier.
2. ↑ Nom d'un temple d'Hercule à Athenes. *Pausanias, Voyage de l'aTrique, ch. 18.*
3. ↑ Il fut le premier qui soutint le pour & le contre.
4. ↑ Vers d'un poète inconnu. Menage.
5. ↑ Sorte de vers lambes.

HERILLE.

HERILLE de Carthage faisait consister dans la science la fin que l'on doit se proposer ; c'est-à-dire, à vivre de telle sorte qu'on rapporte toutes ses actions au dessein de vivre avec science, de crainte qu'on ne s'abrutisse dans l'ignorance. Il définissait la science une *Capacité d'imagination à recevoir les choses qui sont le sujet de la raison.*

Quelquefois il doutait qu'il y eût de fin proprement dite, parce qu'elle change selon les circonstances & les actions ; ce qu'il éclaircissait par la comparaison d'une certaine quantité de metal, qui peut aussi bien servir à faire une statue d'Alexandre qu'une de Socrate. Il disoit qu'il y a de la différence entre la fin & ce qui n'est que fin subordonnée ; que tous ceux, qui n'ont point la sagesse en partage, tendnet à la dernière, & que l'autre n'est recherchée que par les seuls sages. Il croyait encore que les choses, qui tiennent le millieu entre le vice & la vertu, sont indifférentes. Quant à ses ouvrages, il est vrai qu'ils sont fort courts, mais pleins de feu & de force contre Zénon, qu'il prend à tâche de contredire. On raconte qu'étant enfant, il étoit si chéri des uns & des autres, que Zénon, pour les écarter, fit couper les cheveux à Herille ; ce qui réussit au gré du Philosophe. Ses œuvres sont intitulées : *De l'Exercice. Des Passions. De l'Opinion. Le Législateur. L'Accoucheur*[1]. *Antipheron le Précepteur. Le Faiseur de préparations. Le Directeurs. Mercure. Medée. Dialogues sur des Questions morales.*

1. ↑ Dialogues, qui portoient ce nom. Nous avons conservé le mot dans la Vie de Platon, en mettant *Dialogues Maeutiques.*

DENYS.

DENYS, surnommé *le Transfuge,* établissait la volupté pour fin. Le goût pour ce systême lui vint d'un accident aux yeux, mais si violent, que n'en pouvant souffrir l'excès, il se dépouilla du préjugé que la douleur est indifférente. Il étoit fils de Théophante, & natif de la ville d'Héraclée. Diocles dit qu'il fut premiérement disciple d'Héraclide son concitoyen, ensuite d'Alexinua, puis de Menedeme, & en dernier lieu de Zénon.

Il eut d'abord beaucoup d'amour pour les lettres, & s'appliqua à toutes sortes d'ouvrages de poësie, jusque-là qu'étant devenu partisan d'aratus, il tâcha de l'imiter. Il renonça ensuite à Zénon & se tourna du côté des Philosophes Cyrénaïques, dont il prit tellement les sentimens, qu'il entrait publiquement dans les lieux de débauche, & se vautrait, sous les yeux d'un chacun, dans le sein des voluptés. Étant octogénaire, il mourut, à force de se passer de nourriture. On lui attribue les ouvrages suivans : *Deux livres de l'Apathie, Deux de l'Exercice, Quatre de la Volupté,* Les autres ont pour titres : *De la Richesse, Des*

Agrémens, De la Douleur, De l'Usage des Hommes. Du Bonheur. Des Anciens Rois. Des Choses qu'on loue. Des Mœurs étrangeres.

Tels sont ceux qui ont fait classe à part, en s'éloignant des opinions des Stoïciens. Zénon eut pour successeur Cléanthe, de qui nous avons maintenant à parler.

CLEANTHE

CLÉANTHE, fils de Phanius, nâquit dans la ville d'Asse, témoin Antisthene dans ses *Successions*. Sa premiere profession fut celle d'Athlete. Il vint à Athenes, n'ayant, dit-on, que quatre drachmes pour tout bien. Il fit connoissance avez Zénon, se donna tout entier à la Philosophie, & persévera toujours dans le même dessein. On a conservé le souvenir du courage avec lequel il supportoit la peine, jusque-là que contraint par la misere de servir pour domestique, il pompoit la nuit de l'eau dans les jardins, & s'occupoit le jour à l'étude ; ce qui lui attira le surnom de *Puiseur d'eau*. On raconte aussi qu'appellé en Justice pour rendre raison de ce qu'il faisoit pour vivre & se porter si bien, il comparut avec le témoignage du jardinier dont il arrosoit le jardin, & que l'aiant produit avec le certificat d'une marchande chez laquelle il blutoit la farine, il fut renvoyé absous. A cette circonstance on ajoute que les juges de l'aréopage, épris d'admiration, décreterent qu'il lui seroit donné dix mines ; mais que Zénon l'empêcha de les accepter. On dit aussi qu'Antigone lui en donna trois mille, & qu'un jour qu'il conduisoit de jeunes gens à quelque spectacle, une bouffée de vent ayant levé son habit, il parut sans veste ; tellement que touchés de son état, les Athéniens, au rapport de Demetrius de Magnésie dans ses *Synonimes,* lui firent présent d'une veste de couleur de saffran. L'histoire porte qu'Antigona son disciple lui demanda pourquoi il pompait de l'eau, & s'il ne faisait rien de plau, & qu'à cette question Cléanthe répondit : *Est-ce que je ne bêche & n'arrose point la terre ? Ne fais-je pas tout au monde par amour pour la philosophie ?* Zénon lui-même l'exerçait à ces travaux, & voulait qu'il lui apportât cahque fois un obole de son salaire. En ayant rassemblé une assez grande quantité, il les montra à ses amis, & leur dit : *Cléanthe pourrait, s'il le voulait, entretenis un autre Cléanthe, tandis que ceux, qui ont dequoi se nourrir, cherchent à tirer d'autres choses nécessaires à la vie, quoiqu'ils ne s'appliquent que foiblement à la philosophie.* De là vient qu'on lui donna le nom de *second Hercule.* Il avoit beaucoup d'inclination pour la science, & peu de capacité d'esprit, à laquelle il suppléait par le travail & l'assiduité. De là ce que dit Timon.

Quel est ce belier qui se glisse par tout dans la foula, cet hébeté vieillard, ce bourgeos d'Asse, ce grand parleur, qui ressemble à un mortier ?

Il endurait patiemment les rissées de ses compagnons. Quelqu'un l'ayant appellé *âne,* il convint qu'il étoit celui de Zénon, dont il pouvait seul porter le paquet. On lui faisait honte de sa timidité. *C'est un heureux défaut, dit il ; j'en commets moins des fautes.* Il préférait la pauvreté à l'opulence. *Les riches,* disoit-il, *jouent à la boule ; mais moi, j'ôte à la terre sa dureté & la stérilité à force de travail.* Il lui arrivait quelquefois, en bêchant, de parler en lui-même. Ariston, le prit un jour sur le fait & lui demanda,,,Qui grondez-vous ? " Je n'aime pas les,,flatteurs, interrompit Arcésilas". *Aussi n'est-ce pas,* reprit Cléanthe, *vous flatter que de dire que vos actions & vos discours se contredisent.* Quelqu'un le pria de lui apprendre quel précepte il devait le plus souvent inculquer à son fils. *Celui,* dit-il, *qu'exprime ce vers d'Electre, Silence, vas doucement.* Un Lacédémonien lui vantait le travail comme un bien. *Mon cher fils,* lui répondit-il avec transport, *je vois que tu es né d'un dans génereux.* Hecaton, dans son traité des *Usages,* rapporte qu'un jeune garçon d'assez bonne mine lui tint ce raisonnement ; Si celui, qui se donne un coup au ventre, est dit se frapper cette partie du corps, ne fera-t-il pas dit se donner un coup à la hanche s'il se frappe à cet endroit ? *Jeune homme* lui dit Cléanthe, *grandes cela pour toi ; mais saches que les termes analogues ne désignent pas toujours des choses, ni des actions analogues.* Quelque autre garçon discourait en sa présence. Il lui demanda s'il avoit du sentiment.,,Oui, dit l'autre" ; *Et comment donc se fait-il,* repliqua Cléanthe, *que je ne senta pas que tu en ayes ?* Un jour Sosithée le poëte déclama contre lui sur le théatre en ces termes, *Ceux que la folie de Cléanthe mene comme des bœufs ;* mais quoiqu'il fût présent, il ne perdit point contenance. Les spectateurs applaudirent à son sang froid, & chasserent le déclamateur. Celui-ci s'étant ensuite repenti de l'avoir injurié, Cléanthe l'excusa, & dit qu'il ne lui conviendrait pas de conserver du ressentiment pour une petite injure, tandis que Bacches & Hercule ne s'irritent pas des insultes que leur font les poëtes.

Il comparait les péripatéticiens aux instrumens de musique, qui rendent des sons agréables ; mais ne s'entendent pas eux-même. On raconte qu'ayant un jour avancé l'opinion de Zénon, qui soutient que l'on peut juger des mœurs par la physionomie, quelques jeunes gens d'humeur bouffonne lui amenerent un campagnard libertin qui avoit les marques d'un homme endurci aux travaux de la campagne & prierent Cléanthe de leur apprendre quel étoit son caractere. Il hésita quelque tems, & ordonna au personnage de se retirer. Cet homme, en tournant le dos, commença à éternuer ; sur quoi Cléanthe dit : *Je suis au fait de ses mœurs ; il est dévoué à la molesse.* Un homme s'entretenait en lui-même. *Tu parles,* lui dit-il, *à quelqu'un qui n'est pas mauvais.* Un autre lui reprochant de ce qu'à un âge si avancé il ne finissait pas ses jours. *J'en ai bien la pensée,* répondit-il, *mais lorsque je considere que je me porte bien à tous les égards, que je puis lire, que je suis en état d'écrire, je change d'avis.* On rapporte que faute d'avoir dequoi acheter du papier, il couchait par écrit sur des cranes & des os de bœufs tout ce qu'il entendait dire à Zénon. Cette maniere de vivre lui acquit tant d'estime, que quoique Zénon eût quantité d'autres disciples de mérite, il fut celui qu'il choisit pour lui succéder.

Il a laissé d'excellens ouvrages, dont voici le catalogue. *Du Tems, Deux livres sur la Physiologie de Zénon, Quatre livres d'Explications d'Heraclite, Du Sentiment, De l'Art, Contre Démocrite, Contre Aristarque, Contre HErille, Deux livres des Penchans, De l'antiquité, Un Traité des Dieux, Des Géans, Des Nôces, Du Poëte, Trois livres des Devoirs, Des bons Conseils, Des Agrémens, Un ouvrage d'Exhortation, Des Vertus, Du bon Naturel, Sur Gorgippe, De l'envie, De l'Amour, De la Liberté, De l'Art d'aimer, De l'Honneur, De la Gloire, Le Politique, Des Conseils, Des Loix, Des jugemens, De l'Education, Trois livres du* Discours, De la Fin, De l'Honnête, Des Actions, De la Science, De la Royauté, De l'Amitié, Des Repas, Un ouvrage sur ce que la vertu des hommes & dés femmes est la même. UN autre, sur ce que le sage doit s'appliquer à enseigner. Un autre de Discours, *intitulés Chries. Deux livres de l'Usage. De la Volupté. Des Choses propres. Des Choses ambigües. De la Dialectique. Des Modes du Discours. Des Prédicamens.* Voilà ses œuvres.

Il mourut de cette maniere. Ayant la gencive enflée & pourrie, les médecins lui prescrivirent une abstinance de toute nourriture pendant deux jours ; de qui lui procura un si grand soulagement, que les médecins, étant revenus au bout de ce tems-là, lui permirent de vivre comme à son ordinaire. Il refusa de suivre leur avis, sous prétexte qu'il avoit déjà fourni toute sa carriere ; de sorte qu'il mourut volontairement d'inanition au même âge que Zénon, disent quelques-uns, & après avoir pris dix-neuf ans les leçons de ce philosophe : voice des vers de notre façon à son sujet.

J'admire la conduite de Cléanthe ; mais je loue encore plus la mort, qui, voyant ce veillard accablé, d'années, trancha le fil de ses jour, & voulut que celui, qui avoit tant puisé d'eau dans cette vie, se reposât dans l'autre.

SPHOERUS

SPHOERUS de Bosphore fut, comme nous l'avons dit, disciple de Cléanthe, après avoir été celui de Zénon, Ayant fait des progrès dans l'étude, il se rendit à Alexandrie auprès de Ptolomée Philopator. Un jour que la conservation tomba sur la question si le sage doit juger des choses par simple opinion, Sphoerus décida négativement. Le Roi, pour le convaincre de son erreur, ordonna qu'on lui présentât des grenades de cire moulée. Sphoerus les prit pour du fruit naturel ; sur quoi le roi s'écria qu'il s'étoit trompé dans son jugement. Sphoerus répondit sur le champ & fort à propos qu'il n'avoit pas jugé décisivement, mais probablement que ce fussent des grenades, & qu'il y a de la différence entre une idée qu'on admet positivement, & une autre qu'on reçoit comme probable. Mnésistrate le reprenait de ce qu'il n'attribuait point à Ptolomée la qualité de roi ; *Aussi ne l'est-il pas,* dit-il, *entant qu'il regne ; mais entant qu'il est Ptolomée, aimant la sagesse.*

On a de lui les ouvrages suivans : *Deux livres du Monde. Des Elemens de la Semence. De la Fortune. Des plus petites Choses. Contre les Atomes & les Simulacrès. Des Sens. Des cinq Dissertations d'Heraclite. De la Morale. Des Devoirs. Des* Penchans. Deux livres des Passions. Des Dissertations. De la Royauté. De la République de Lacédémone. Trois livres sur Lycurge & Socrate. De la Loi. De la Divination. Des Dialogues d'Amour. Des Philosophes Erétiens. Des Similitudes. Des Définitions. De l'Habitude. Trois livres des Choses sujettes à contradiction. Du Discours. De l'Opulence. De la Gloire. De la Mort. Deux livres sur le Systême de la Dialectique. Des Prédicamens. Des Ambiguïtés. Des Lettres.

CHRYSIPPE

CHRYSIPPE, fils d'Apollonius, nâquit à Soles ou à Tarfe, selon Alexandre dans ses *Sucessions*. Il s'exerça au combat de la lance, avant qu'il ne devint disciple de Zénon, ou de Cléanthe, qu'il quitta lorsqu'il vivait encore, assûrent Diocles & plusieurs autres. Il ne fut pas un des médiocres philosophes. Il avoit beacoup de génie, l'esprit si délié & si subtil en tout genre, qu'en plusieurs choses il s'écartait de l'avis, non seulement de Zénon, mais de Cléanthe même, à qui il disoit souvent qu'il n'avoit besoin que d'être instruit de ses principes, & que pour les preuves, il saurait bien les trouver lui-même. Cependant il ne laissait pas que se dépiter lors qu'il disputait contre lui, jusqu'à dire fréquemment qu'il étoit heureux à tous les égards, excepté en ce qui regardait Cléanthe. Il étoit si bon dialecticien, & si estimé de tout le monde pour sa science, que bien des gens disoient que si les Dieux faisoient usage de la dialectique, ils ne pouvoient se servir que de celle de Chrysippe. Au reste, quoiqu'il fût extrêmement fécond en subtilités, il ne parut pas aussi habile sur la diction que sur les choses. Personne ne l'égaloit pour la constance & l'assiduité au travail, témoin ses ouvrages, qui sont au nombre de sept cens cinq volumes. Mais la raison de cette multitude de productions, est qu'il traitait plusieurs fois le même sujet, qu'il mettait par écrit tout ce qui lui venait dans la pensée, qu'il retouchait souvent ce qu'il avoit fini, & qu'il farcisait les compositions d'une infinité de preuves. Il avoit tellement pris cette habitude, qu'il transcrivit presque toute entiere la *Medée d'Euripide* dans quelques opuscules, jusque-là que quelqu'un, qui avoit cet ouvrage entre les mains, & à qui un autre demandait ce qu'il contenait, repondit que c'étoit la *Médée de Chrysippe.* De là vient aussi qu'Apollodore l'Athénien, dans sa *Collection des Dogmes Philosophiques*, voulant prouver que quoi qu'Epicure ait enfanté ses ouvrages, suis pusier dans les sources des autres, ses livres sont beaucoup plus nombreux que ceux de Chrysippe, dit que si on ôtait des écrits de celui-ci ce qui appartient à autrui, il ne resterait que le papier vuide. Tels sont les termes dans lesquels s'exprime Apollodore à cette occasion. Diocles rapporte qu'une vieille femme, qui étoit auprès de Chrysippe, disoit qu'ordinairement il écrivait cinq vens versets pas jour. Hécaton assûre qu'il ne s'avisa de s'appliquer à la philosophie que parce que ses biens avoient été confisqués au profit du roi. Il avoit la complexion délication & la taille fort courte, comme il paraît par sa statue dans la place Céramique, & qui est presque cachée par une autre statue équestre, placée près de là ; ce qui donna occasion à Carnéade de l'appeller Chrypsippe, au-lieu de Chrysippe [1]. On lui reprochait qu'il n'allait pas aux leçons d'Ariston, qui avoit un grand nombre de disciples. *Si j'avais pris garde au grand nombre*, répondit-il, *je ne me serais pas adonné à la philosophie.* Un dialecticien obsédait Cléanthe & lui proposait des sophismes. *Cessez*, lui dit Chrysippe, *de détourner ce sage vieillard de choses plus importantes, & gardez vos raisonnemens pour nous, qui sommes plus jeunes.* Un jour qu'il étoit seul avec quelqu'un à parler tranquillement sur quelque sujet, d'autres s'approcherent & se mêlerent de la conversation. Chrysippe, s'appercevant que celui, qui lui parloit, commençait à s'échauffer dans la dispute, lui dit : *Ah ! [2]frere, je vois que ton visage se trouble. Quittes promptement cette fureur, & donnes-toi le tems de penser raisonnablement.* Il étoit fort tranquille lorsqu'il étoit à boire, excepté qu'il remuait les jambes ; de sorte que sa servante disoit qu'il n'y avoit que les jambes de Chrysippe qui fussent yvres. Il avoit une si haute opinion de lui-même, que quelqu'un lui ayant demandé à qui il confierait son fils, il répondit, *A moi. Car si je savais que quelqu'un me surpassât en science, j'irias dès ce moment étudier sous lui la philosophie.* Aussi lui appliqua-t-on ces paroles, *Celui-là seul a des [3]lumieres ; les autres ne fotn que s'agiter comem des ombres.* On disair aussi de lui que s'il n'y avoit point de Chrysippe, il n'y aurait plus d'école au Portique. Enfin Sotion, dnas le huitieme livre de ses *Sucessions*, remarque que lorsqu'Arcésilas & Lacydes vinrent à l'Académie, il se joignit à eux dans l'étude de la philosophie, & que ce fut ce qui lui donna lieu d'écrire contra la coutume & celle qu'il avoit suivie dans ses ouvrages, en se servant des argumens des académiciens sur les grandeurs & les quantités [4].

Hermippe dit que Chrysippe, étant occupé dans le college Odéen, fut appellé par ses disciples pour asister au sacrifice, & qu'ayant bû du vin doux pur, il lui prit un vertige, dont les suites lui causerent la mort cinq jours après. Il mourut âgé de soixante-&-treize ans dnas la CXLIII. Olympiade, selon Apollodore dans ses *Chroniques*. Nous lui avons composé cette epigramme.

Alleché par le vin, Chrysippe en boit jusqu'à ce que la tête lui tourne. Il ne soucie plus ni du portique, ni de sa patrie, ni de sa vei ; il abandonne tout pour crourir au séjour des morts.

Il y en a qui prétendent qu'il mourut à force d'avoir trop ri, voici à propos de quoi. Ayant vû un âne manges ses figues, il dit à la vieille femem qui demeurait avec lui, qu'il fallait donner à l'animal du vin pur à boire, & que là-dessus il éclata si fort de rire, qu'il en rendit l'esprit. Il paraît que le mépris faisait partie de son caractere, puisque d'un si grand nombre d'ouvrages écrits de sa main, il n'en dédia pas un seul à aucun prince. Il ne se plaisait qu'avec la vieille dit Demetrius dans ses *Synonimes*. Ptolomée ayant écrit à Cléanthe de venir lui-même le voir, ou du moins de lui envoyer quelque autre, Sphoerus s'y en fut ; mais Chrysippe refusa d'y aller. Demetrius ajoute qu'après avoir mandé auprès de lui les fils de sa sœur, Aristocréon & Philocrate, il les instruisit, & qu'ensuite s'étant attiré des disciples, il fut le premier qui s'enhardit à enseigner en plein air dans le lycée.

Il y a eu un autre Chrysippe de Gnide, médecin de profession, & qui Erasistrate avoue avoir appris beaucoup de choses. Un second Chrysippe fut le fils de celui-ci, médecin de Ptolomée, & qui par une calomnie fut foüetté & mis à mort. Un troisieme fut disciple d'Erasistrate, & le quatrieme écrivit sur les occupations de la campagne.

Le philosophe, dont nous parlons, avoit coutume de se servir de ces sortes de raisonnemens. Celui, qui communique les mysteres à des gens qui ne sotn pas initiés, est un impie ; or celui qui préside au mysteres, les communique à des personnes non-initiées ; donc celui, qui préside aux mysteres, estun impie. Ce qui n'est pas dans la ville, n'est point dans la maisonl or il n'y a point de puits dans la ville ; donc, il n'y en a pas dans la maison. s'il y a quelque part uen tête, vous ne l'avez point : or il y a quelque part une tête que vous n'avez point ; donc vous n'avez point de tête. Si quelqu'un est à Megare, il n'est point à Athenes : or l'homme est à Megare ; donc il n'y a point d'homme à Athenes ; & au contraire s'il est à Athenes, il n'est point à Megare. Si vous dites quelque chose, cela vous passe par la bouche : or vous parlez d'un chariot ; ainsi un chariot vous passe par la bouche. Ce que vous n'avez pas jetté vous l'avez : or vous n'avez pas jetté des cornes, donc vous avez de cornes. D'autres attribuent cet argument à Eubulide.

Certains auteurs condamnet Chrysippe comme ayant mis au jour plusieurs ouvrages honteux & obscenes. Ils citent celui sur les *Anciens Physiciens*, où il se trouve une piéce d'environ six cens versets, contenant une fiction sur Jupiter & Junon, mais qui renferme des choses qui ne peuvent sortir que d'une bouche impudique. Ils ajoutent que malgré l'obscénité de cette histoire, il la prôna comme une histoire physique, quoi qu'elle convienne bien moins aux dieux qu'à des lieux de débauche. Aussi ceux, qui ont parlé des *Tablettes,* n'en ont point fait usage, pas même Polemon, ni Hypsicrate, ni Antigone ; mais c'est une fiction de Chrysippe. Dans son livre de la *République* il ne se déclare pas contre les mariages entre pere & fille, entre mere & fils ; il ne les approuve pas moins ouvertement dès le commencement de son traité sur *les Choses qui ne sont point préferables par elles-mêmes.* Dans son troisieme livre du *Droit*, ouvrage d'environ mille versets, il veut qu'on mange les corps morts. On allegue encore contre lui ce qu'il avance dans le deuxieme livre de son ouvrage sur les biens & l'abondance, où il examine comment & pourquoi le sage doit chercher son profit : que si c'est pour la vie même, il est indifférent de quelle maniere il vive ; que si c'est pour la volupté, il n'importe pas qu'il en jouisse ou non ; que si c'est pour la vert, elle lui suffit seule pour le rendre heureux. Il traite du dernier ridicule les gains que l'on fait, soit en recevant des présens de la main des princes, parce qu'ils obligent à ramper devant eux, soit en obtenant des bienfaits de ses amis, parce qu'ils changent l'amitié en commerce d'intérêt, soit en recueillant du fruit de la sagesse, parce qu'elle devient mercenaire. Tels sotn les points contre lesquels on se recrie.

Mais comme les ouvrages de Chrysippe sont fort célebres, j'ai cru en devori placer ici le catalogue, en les rangeant suivant leurs différentes classes. *Propositions sur la Logique : que les matieres de Logique sont du nombre des recherches d'une philosophe. Six Traités sur les Définitions de la Dialectique à Métrodore. Un Traité sur l'Art de la Dialectique à Aristagoras. Quatre de Propositions conjointes qui sont vraisemblables, à Dioscoride. De la Logique concernant les choses.* Premiere colelction : *Un traité des Propositions. Un de celles qui ne sont point simples. Deux de ce qui est composé, à Athénade. trois des Négations à Aristagoras. Un des Choses qui peuvent être Prédicamens, à Athénodore. Deux de celles qui se disent privativement. Un à Thearus. Trois des meilleures Propositions à Dion. Quatre de la Différence des tems indéfinis. Deux des Choses qui se disent rélativement à certains tems. Deux des Propositions parfaites.* Seconde collection : *Un Traité des Choses vrayes, exprimées disjonctivement, à Gorgippide. Quatre des Choses vrayes, exprimes conjonctivement, au même. Un de la Distinction au même. Un touchant ce qui est par conséquence. Un des Choses ternaires, aussi à Gorgippide. Quatre des Choses possibles à Cliton. Un sur les Significations des Mots par Philo. Un sur ce qu'il faut regarder comme faux.* Troisieme collection : *Deux Traités des Préceptes. Deux d'Interrogations. Quatre de Réponses. Un abrégé* d'*Interrogations. Un autre de Réponses. Un Abrégé d'Interrogations. Un autre de Réponses. Deux livres de Demandes, & deux de Dolutions.* Quatrieme collection : *Dix Traités de Prédicamens à Métrodore. Un des Cas de déclinaison droits & obliques à Philarque. Un des Conjoctiosn à Apollonide. Quatre des Prédicamens à Pasylus.* Cinquieme collection : *Un Traité des cinq Cas de déclinaison. Un des Cas définis Énoncés suivant le suejt. Un d'appellatifs. Deux de subinsinuation à Stesagoras. Des Regles de Logique par rapport aux mots & au discours.* Premiere collection : *Six Traités d'Expressions au singulier & au plurier. Cinq d'Expressions à Sosigene & Alexandre. Quatre d'anomalies d'Expressions à Dion. Trois de Syllogismes Sorites, considérés par rapport aux mots. Un de Solécismes. Un de Discours solécisans à Denys. Un de la Diction à denys.* Seconde collection : *Cinq Traités d'Elemens du Discours, & de Choses qui sont le sujet du Discours. Quatre de la Construction du Discours. Trois de la Construction & des Elemens du Discours à Philippe. Un des Elemens du Discours à Nicias. Un des Choses qu'on dit rélativement à d'autres.* Troisieme collection : *Deux Traités contre ceux qui ne sont point usage de la Division. Quatre d'Ambiguités à Apolla. Un des Figures équivoques. Deux des Figures équivoques conjointes. Deux sur ce que Panthoede a écrit des Equivoques. Cinq Traités d'Introduction aux Ambiguités. Un Abrégé d'Equivoques à Epicrate. Deux de Choses réunies, servant d'Introduction à la matiere des Equivoques. lections sur les discours & figures de Logique.*

Première collection : *Cinq traités sur l'Art des Discours & des modes à Dioscoride. Trois des Discours. Deux de la Constitution des Figures à Stéfagoras. Un d'Assemblage de propositions figurées. Un traité de discours conjoints & réciproques. Un à Agathon, ou des problèems conséquents. Un de conlusions à Aristagoras. Un sur ce qu'un même discours peut ^tre divesement tourné par le moyen des figures. Deux sur les difficultés qu'on oppose à ce qu'un même discours puisse être exprimé par Syllogisme & sans syllogisme. Trois sur ce qu'on objecte touchant les solutions des syllogismes. Un à Timocrate sur ce que Philon a écrit des Figures. Deux de Logique composée à Timacrate & Philopathes : un des discours & des Figures.* Deuxième collection : *un traité à Zénon sur les discours concluants. Un au même sur les syllogismes qu'on nomme premiers, & qui ne sont pas démonstratifs. Un sur l'analyse de syllogismes. Deux des discours trompeurs à Pafylus. Un de considérations sur les syllogismes, c'est-à-dire syllogismes introductifs à Zénon. Cinq des syllogismes, dont les figures sont fuasses. Un d'analyses de discours syllogistiques dans les choses où manque la démonstration ; savoir questions figurées, à Zénon & Philomathes ;* mais ce dernier ouvrage passe pour supposé. Troisième collection : *un traité des discours incidents à Ahténade,* ouvrage supposé. *Trois de discours incidents vers vers le milieu,* ouvrages supposés de même. *Un Traité contre les Disjoctifs d'Amenius.* Quatrieme collection : *Trois Traités de Questions politiques à Meléagre. Un Traité de Questions politiques à Meléagre. Un Traité de Discours hypothétiques sur les Loix, au même.*

Deux Traités de Discours hypothétiques pour servir d'Introduction. Deux autres de Discours, contenant des Considérations hypothétiques. Deux Traités de Résolutions d'hypothétiques d'Hedyllus. Trois Traités de Résolutions d'hypothétiques d'Alexandre ; ouvrage supposé. *Deux Traités d'Expositions à Laodamas.* Cinqueme collection : *Un Traité d'Introduction à ce qui est faux à Aristocréon. Un de discours faux, au même.* Sixieme collection : *Un Traité contre ceux qui croyent qu'il n'y a pas de différence entre le Vrai & le Faux. Deux cotnre ceux qui développent les Discours faux en les coupant, à Aristocréon. Un Traité où l'on démontre qu'il ne faut point partager les infinis. Trois pour réfuter les difficultés contre l'opinion qu'il ne faut point diviser les infinis, à Pasylus. Un Trité des Solutions suivant les Anciens, à Dioscoride. Trois de la Solution de ce qui est faux, à Aristocréon. Un Trait de la Solution des hypothétiques d'Hedylle, à Aristocréon & Apolla.* Septieme collection : *Un Traité contre ceux qui disent qu'un Discours faux suppose des assomptions fausses. Deux de la Négation à Aristocréon. Un contenant des Discours négatifs pour s'exercer. Deux des Discours sur les Opinions, & des Argumens arrêtans à Onetos. Deux des Argumens cachés à Athénade. Huitieme colelction :* Huit Traités de l'Argument, intitulé *Personne,* à Ménrcrate. Deux des Discours, composés de Choses définies & des Choses infinies, à Pasylus. Un de l'Argument, intitulé *Personne,* à Epicrate. *Neuvieme collection :* Deux Traités des Sophismes à Héraclide & Pollis. Cinq des Discours ambigus de Dialectique à Dioscoride. Un contre l'Art d'Arcésilas à

Sphoerus. *Dixieme collection* : Six Traités contre l'Usage à Metrodore. Sept sur l'Usage à Gorgippide. Articles de la Logique, *différens des quatre chefs généraux dont on a parlé, & qui contiennent* diverses Questions de Logique *qui ne sont pas réduites en corps.* Trente-neuf Traités de Questions *particularsées. En tout les ouvrages de Chrysippe sur la logique se montent à trois cent onze volumes.*

Ses ouvrage de morale, qui roulent sur la maniere de rectifier les notions morales, contienent ce qui suit : Premiere collection : *Un Traité de la Description du Discours à Théospore. Un traité de Questions morales. trois d'Assomptions vraisemblables pour des opinions, à Philomathes. Deux de Définitions selon des gens rustiques, à Metrodore. Sept de Définitions selon leurs genres, eu-même. Deux des Définitions suivant d'autres* systèmes, au même. *Deuxieme collection* : Trois Traités des Choses semblables à Aristhclée. Sept des Définitiosn à Métrodore. *Troisieme collection* : Sept Traités des Difficultés qu'on fait mal à propos contre les Définitions, à Laodamas. Deux de Choses vraisemblables sur les Définitions, à Dioscoride. Deux des Genres & des Especes à Gorgippie. Un des Distinctions. deux des Choses contraire, à Denys. Choses vraisemblables sur les Distinctions, les Genres & les Especes. Un Traité des Choses contraires. *Quetrieme collection* : Deux Traités des Proverbes à Zenodote. Un des Poëmes à Philomathes. Deux de la Maniere dont il faut écouter les Poëmes. Un contre les Critiques à Diodore. De la Morale, considérée par rapport aux notions communes, aux systêmes & aux vertus qui en résultent. *Collection premiere :* Un traité contre les Peintures, à Timonacte. Un sur la Maniere dont nous parlons & pensons. Deux des notions à Laodamas. Deux de l'Opinion à Pythonacte. Un Traité pour prouver que le sage ne doit point juger par opinion. Quatre de la Compréhension, de la science & de l'Ignorance. deux du Discours. De l'Usage du Discours à Leptena. *Deuxieme collection :* deux Traités pour prouver que les Anciens ont jugé de la Dialectique par Démonstration, à Zénon. Quatre de la Dialectique à Aristocréon. trois des Choses qu'on oppose aux Dialecticiens.Quatre de la Rhétorique à Dioscoride. *Troisieme collection :* Trois Traités de l'Habitude à Cléon. Quatre de l'Art & du Défaut d'Art à Aristocréon. Quatre de la Différence des Vertus à Diodore. UN pour faire voir que les Vertus sont des qualités. Deux des Vertus à Pollis. De la Morale par rapport aux Biens & aux Maux. *Premiere collection :* Dix Traités de l'Honnête & de la Volupté à Aristocréon. Quatre pour prouver que la Voupté n'est point la fin qu'il faut se proposer. Quatre pour prouver que la Volupté n'est pas un bien. Des choses qu'on dit [5].

1. ↑ *Chrysippe* veut dire caché par un cheval, & *Chrypsippe* signifie un cheval d'or.
2. ↑ Vers d'Euripide dans Oreste. *Menage.*
3. ↑ Vers d'Homere sur Tiresias.
4. ↑ C'est-à-dire qu'il combattit les principes & l'évidences des sens *Kolonius.*
5. ↑ Le reste de ce catalogue manque. Voyez dans *Menafe* plusieurs titres d'ouvrages de Chrysippe, qui sont recueillis d'ailleurs. Au reste, il faut remarquer sur tout ce catalogue que si quelques-uns de ces titres ne sont

peut-être aps rendus exactement, c'est que le sens des termes Grecs n'est pas toujours clair.

Livre VIII - Les Pythagoriciens

- Pythagore
- Empédocle
- Épicharme
- Archytas
- Alcémon
- Hippasus
- Philolaus
- Eudoxe

LIVRE VIII.

PYTHAGORE.

APRÈS avoir parlé de la Philosophie Ionique qui dut son commencement à Thales, & des hommes célebres qu'elle a produits, venons à la Secte Italique, dont Phytagore fut le fondateur. Hermippe le dit fils de Mnésarque, Graveur de cachets ; Aristoxene le fait naître Tyrrhénien, dans l'une des Isles dont les Athéniens se mirent en possession lorsqu'ils en eurent chassé les Tyrrhéniens ; quelques-uns lui donnent Marmacus pour pere, pour ayeul Hippasus, fils d'Eutyphron, & pour bisayeul Cléonyme, fugitif de Phliunte. Ils ajoutent que Marmacus demeuroit à Samos ; que pour cette raison Pythagore fut surnommé *Samien* ; qu'étant venu de là à Lesbos Zoïle son oncle paternel le recommanda à Phérecyde ; qu'il y fabriqua trois coupe d'argent, & qu'Il en fit présent à chacun des trois prêtres d'Égypte. Il eut des freres, dont l'aîné se nommoit *Eunome*, & le puiné *Tyrrhenus*. Son domestique s'appelloit *Zamolxis*, auquel, dit Hérodote, sacrifient les Grecs, dans la supposition qu'il est Saturne.

Pythagore fut donc disciple de Phérecyde de Syros, après la mort duquel il se rendit à Samos & y étudia sous Hermodamante, déjà avancé en âge, & neveu de Créophile. Jeune & plein d'envie de s'instruire, Pythagore quitta sa patrie, & se fit initier à tous les mysteres, tant de la religion des Grecs, que les religions étrangeres. Il passe enfin en Égypte, muni de lettres de recommandation que Plycrate lui donne pour Amasis. Antiphon, dans l'ouvrage où il parle de ceux qui se sont distingués par la vertu, rapporte qu'il apprit la langue Egyptienne, & fréquenta beaucoup les Chaldéens. Etant en Crete avec Epimenide, il descendit dans la caverne du mont Ida, & après être entré dans les sanctuaires des Temples d'Égypte, oz il s'instruisit des choses les plus secrettes de la religion, il revint à Samos, qu'il trouva opprimée par Polycrate. Il en sortit pour aller se fixer à Crotone en Italie, où il donna des Loix aux Italiotes[1]. Il se chargea du maniment des affaires publiques, qu'il administra conjointement avec ses disciples, qui étoient au nombre de trois cens ou à peu près ; mais avec tant de sagesse, qu'on pouvait avec justice regarder leur gouvernement comme une véritable Aristocratie.

Héraclide du Pont rapporte que Pythagore disoit ordinairement qu'autrefois il fut AEthalide, & qu'on le crut fils de Mercure ; que Mercure lui aiant promis de lui accorder la grace qu'il souhaiteroit hormis celle d'être immortal, il lui demanda le don de conserver la mémoire de tout ce qui lui arriverait pendant sa vie & après sa mort ; qu'effectivement il se rappelloit toutes les choses qui s'étoient passées pendant son séjour sur la terre, & qu'il se réservoit ce don de souvenir pour l'autre monde ; que quelque tems après l'octroi de cette faveur, il anima le corps d'Euphorbe, lequel publia qu'un jour il devint AEthalide ; qu'il obtint de Mercure que son ame voltigeroit perpétuellement de côté & d'autre ; qu'elle s'insinueroit dnas tels arbres ou animaux qu'il lui plairoit ; qu'elle avoit éprouvé tous les tourmens qu'on endure aux Enfers, & les supplices des autres ames détenues dans ce lieu. A ce détail Pythagore ajoutoit qu'Euphorbe étant mort, son ame passa dans Hermotime ; qui, pour persuader la chose, vint à Branchide, où étant entré dans le Temple d'Apollon, il montra le bouclier y attaché par Ménelas ; que ce fut à son retour de Troye qu'il consacre à ce Dieu le bouclier, déjà tout pourri, & dont le tems n'avoit épargné que la face d'yvoire ; qu'après le décès d'Hermotime, il revêtit le personnage de Pyrhus, pêcheur de Delos ; quelui Pythagore avoit présent à l'esprit tout ce qui s'étoit fait dans ces différentes métamorphoses ; c'est-à-dire qu'en premier lieu il avoit été AEthalide, en second lei Euphorbe, en troisieme lieu Hermotime, en quatrieme lieu Pythagore, & qu'enfin il avoit la mémoire récente de tout ce qu'on vient de dire.

Il y en a qui prétendent que Pythagore n'a rien écrit ; mais ils se trompent grossiérement, n'eût-on d'autre grand qu'Héraclide le Physicien, il déclare ouvertement que Pythagore, fils de Mnésarque, s'est plus que prsonne exercé à l'histoire, & qu'ayant fait un choix des écrits de ce genre, il a donné des marques de science, de profonde érudition, & fourni des modèles de l'art d'écrire. Héraclide s'exprimoit en ces termes, parce que dans l'exorde de son Traité de *Physique* Pythagore se sert de ces expressions : *Par l'air que je respire, par l'eau que je bois, je ne souffrirai pas qu'on méprise cette science.* On attribue trois ouvrages à ce Philosophe, un de *l'Institution,* un de *la Politique,* & un de *la Physique* ; mais ce qu'on lui donne, appartient à Lysis de Tarente, Philosophe Pythagoricien, qui, s'étant réfugié à Thebes, fut précepteur d'Epaminondas. Heralide, fils de Sérapion, dit dans *l'Abrégé de Sotion* que Pythagore composa premiérement un Poëme sur *l'Univers* ; ensuite un Discours des *Mysteres,* qui commence par ces mots : *Jeunes gens, respectez en silence ces choses saintes* ; en troisieme lieu un Traité sur *l'Ame* ; en quatrieme lieu sur la *Pieté* ; en cinquieme lieu un autre qui a pour titre, *Helothale, pere d'Epicharme de Co* ; en sixieme lieu un ouvrage, intitulé *Crotone,* & d'autres. Quant au *Discours mystique,* on le donne à Hippasus, qui le composa exprès pour décrire Pythagore. IL y a encore plusieurs ouvrages d'Aston de Crotone, qui ont couru sous le nom du meme Philosophe. Aristoxene assûre que Pythagore est redevable de la plûpart de ses dogmes de Morale à Thémistoclée, Prêtresse de Delphes. Ion de Chio, dans ses *Triagmes*[2], dit qu'ayant fait un Poëme, il l'attribua à Orphée. On veut aussi qu'il soit l'auteur d'un ouvrage, intitulé *Considerations,* & qui commence par ces mots : *N'offenses personne.* Sosicrate, dans ses *Successions,* dit que Pythagore, interrogé par

Léonte, Tyran de Phliasie, qui il étoit, lui répondit : *Je susi Philosophe*, & qu'il ajouta que la vie ressemblait aux solemnités des Jeux publics où s'assembloient diverses sortes de personnes, les uns pour disputer le prix, les autres pour y commercer, d'autres pour être spectateur & pour réformer leurs mœurs, en quoi ils sont les plus louables ; qu'il en est de même de la vie ; que ceux-ci naissent pour être esclaves de la gloire, ceux-là des richesses qu'ils convoitent, & d'autres, qui, n'ayant d'ardeur que pour la vérité, embrassent la Philosphie. Ainsi parle Sosicrae ; mais dans les trois opuscules dont nous avons fait mention, ce propos est attribué à Pythagore, comme l'ayant dit en général. Il desapprouvait les prieres que l'on adressoit aux Dieux pour soi-même en particulier, à cause de l'ignorance oz l'on est de ce qui est utile. Il appelle l'yvresse *un Mal caus. à l'esprit*. Il blâmoit tout excès, & disoit qu'il ne faut ni excéder dans le travail, passer les bornes dnas les alimens. Quant à l'amour, il en permettoit l'usage en hyver, le défendoit absolument en été, & consentoit qu'on s'y livrât, mais fort peu, en automne & au printems. Néanmoins il s'expliquoit sur le tout qu'il n'y avoit aucune saison dans laquelle cette passion ne fût nuisible à la santé, jusque-là qu'aiant été requis de dire son sentiment sur le tems qu'il croyoit le plus propre à satisfaire cette passion, il répondit, *Celui où vous formerez le dessein de vous énerver.*

Il partageoit de cette maniere les différens tems de la vie. Il donnoit vingt ans à l'enfance, vingt à l'adolescence, vingt à la jeunesse, & autant à la veillesse, ces différens âges correspondant aux saisons, l'enfance au printems, l'adolescence à l'été, la jeunesse à l'automne, la vieillesse à l'hyver. Par *l'adolescence* Pythagore entendoit l'âge e puberté, & l'âge viril par la *jeunesse.* Selon Timée, il fut le premier qui avança que les amis doivent avoir toutes choses communes, & qui dépeignit l'amitié *une Egalité de biens & de sentimens.* Conformément au principe du Philosophe, ses disciples se dépouilloient de la propriété de leurs biens, mettoient leurs facultés en masse, & s'en faisoient une fortune à laquelle chacun avoit part avec autant de droit l'un que l'autre. Il falloit qu'ils observassent un selince de cinq ans, pendant lesquels ils ne devoient être qu'attentifs à écouter. Aucun n'étoit admis à voir Pythagore qu'après cette épreuve finie. Alors ils étoient conduits à sa maison, & avoient la permission de fréquenter son école. Hermippe, dans son deuxieme sur *Pythagore,* assûre qu'ils ne se servoient point de planches de cyprès pour la construction de leurs sépulchres, par scrupule de ce que le sceptre de Jupiter étoit fait de ce bois.

Pythagore passe pour avoir été fort beau de sa personne ; tellement que ses disciples croyoient qu'il étoit Apollon, venu des régions Hyperborées. On raconte qu'un jour étant deshabillé, on lui vit une cuisse d'or. Il s'est même trouvé des gens qui n'ont point hésité de soutenir que le fleuve Nessus l'appella par son nom pendant qu'il le traversoit. On lit dans Timée, livre dixieme de ses *Histoires,* qu'il disoit que les filles, qui habitent avec des hommes sas changer d'état, doivent être censées Déesses, Vierges, Nymphes, &

ensuite nommées Matrones. Anticlide, dans son deuxieme livre *d'Alexandre,* veut qu'il ait porté à sa perfection la Géometrie, des premiers élemens de laquelle Moeris avoit été l'inventeur ; qu'il s'appliqua sur-tout à l'Arithmerique qui fait partie de cette science, & qu'il trouva la regle d'une corde[3]. Il ne négligea pas non l'étude de le Médecine. Apolodore *le Calculateur* rapporte qu'il immola une Hécatombe lorsqu'il eut découvert que le côté de l'hypotenuse du traigle rectangle est égal aux deux autres ; sur quoi furent composés ces vers : *Pythagore trouva cette fameuse ligne pour laquelle il offrit aux Dieux un grand sacrifice en actions de graces.*

On pretend aussi qu'il fut le premier qui forma des Athletes, en leur faisant manger de la viande, & qu'il commença par Eurymene, dit Phavorin dans le troisieme livre de ses *Commentaires.* Cet Auteur ajoute, dans le huitieme livre de son *Histoire diverse,* que jusqu'alors ces gens ne s'étoient nourris que de figues seches, de fromages mous & de froment. Mais d'autres soutiennent que ce fut Pythagore le Baigneur qui prescrivit cette nouriture aux Athletes, & non celui-ci, lequel, tant s'en faut qu'il leur eût ordonné de se repaître de viande, défendoit au contraire de tuer les animaux, comme ayant en common avec les hommes un droit par rapport à l'âme, dont ils sont doués aussi bien que nous. Rien n'est plus fabuleux que ce conte ; mais ce qu'il y a de vrai, c'est qu'il recommandoit l'abstinence de toute viande, afin que les hommes s'accoutumassent à une maniere de vivre plus commode, qu'ils se contentassent d'alimens sas apprêt, qu'ils s'accommodassent de mêts qui n'eussent pas besoin de passer par le feu, & qu'ils apprissent à étancher leur soif en ne bûvant que de l'eau claire. Il insistoit d'autant plus sur la nécessité de sustenter le corps de cette maniere, qu'elle conttribuoit à lui donner de la santé & à aiguiser l'esprit. Aussi ne pratiquoit-il ses actes de piété qu'à Delos devant l'autel d'*Apollon le Pere,* Placé derriere l'Autel des Cornes, Parce qu'on n'y offroit que du froment, de l'orge, des gâteux sas feu, & qu'on n'y immoloit aucune victime, dit Aristote dans sa *République de Delos.* Il a encore le nom d'avoir été le premier qui avança que l'ame change alternativement de cercle de nécessité, & revêt différemment d'autres corps d'animaux.

Selon Aristoxene le Musicien, il fut encore celui qui avant tout autre introduisit parmi les Grecs l'usage des poids & des mesures. Parmenide est une autre garand qu'il dit le premier que l'étoile du matin & celle du soir sont le même astre. Pythagore étoit en si grande admiration, que ses disciples appelloient ses discours autantde voix divines, & lui-même a écrit quelque part dans ses œuvres qu'il y avoit deux cens sept ans qu'il étoit venu de l'autre monde parmi les hommes. Ses disciples lui demeuroient constamnient attach.s, & sa doctrine lui attiroit de tous côtés une foule d'auditeurs, de Lucques, d'Ancone & de la Pouille, sans même en excepter Rome. Ses dogmes furent inconnus jusqu'au tems de Philolaus, le seul qui publia ces trois fameux ouvrages que Platon ordonna qu'on lui achetât pour le prix de cent mines. On ne lui comptoit pas moins de six cens disciples, qui venoient de nuit prendre ses leçons ; & quelques-uns avoient mérité d'être admis à le voir, ils en écrivoient à leurs amis comme s'il avoient à leur faire part du grand bonheur qui eût pû leur arriver. Au rapport de Phavorin dans ses *Histoires diverses,* les habitans de Metapont appelloient sa maison le *Temple de Cérès,* & la petite rue, oz-elle étoit situ.e, un *Endroit cpnsacré a Muses.* Au reste les autres Pythagoriciens disoient qu'il ne falloit point divulger toutes choses à tout le monde, comme s'exprime Aristoxene dans le dixieme livre de ses *Loix d'Institution,* où il remarque que Xenophile Pythagoricien étant interrogé comment on devoit s'y prendre pour bien élever un comment on devit s'y prendre pour bien élever un enfant, il érpondit qu'il falloit qu'il fût né dans une ville bein gouvernée. Pythagore forma en Italie plusieurs grands hommes célebres par leur vertu, entre autre les Législateur Zaleucus & Charondas. Il étoit sur-tout zélé partisan de l'amitié, & s'il apprenoit que quelqu'un participoit à ses symboles, aussitôt il recherchoit sa compagnie & s'en faisoit un ami.

Voici quels étoient ces symboles : *Ne remuez point le feu avec l'épée. Ne passez point par-dessus la balance. Ne vous asséyez pas sur le boisseau. Ne mangez point votre cœur. Otez les fardeaux de consert, mais n'aidez pas à les imposer. Ayez toujours vos couvertures pliées. Ne portez pas l'image de Dieu enchassée dans votre anneau. Enfouissez les traces de la marmite dans les cendres. Ne nettoyez pas votre siége avec de l'huile. Gardez-vous de lâcher de l'eau, le visage tourné vers le soleil. Ne marchez point hors du grand chemin. Ne tendez pas legérement la main droite. Ne vous logez point sous un toit où nichent des hirondelles. Il ne faut pas nourrir des oiseaux à ongles crochus. N'urinez ni sur les rognures de vos ongles, ni sur vos cheveux coupés, & prenez garde que vous n'arrétiez le pied sur les unes & les autres. Détournez-vous d'un glaive pointu. Ne revenez pas sur les frontières de votre pays, après en être sorti.* Voici l'explication de ces expressions figurées. *Ne remuez pas le feu avec l'épée* signifie que nous ne devons pas exciter la colere & l'indignation de gens plus puissans que nous. *Ne passez point par-dessus la balance,* veut dire qu'il ne faut pas transgresser l'équité & la justice. *Ne vous asséyez pas sur le boisseau* ; c'est à-dire qu'on doit prendre également soin du présent & de l'avenir, parce que le boisseau[4] est la mesure d'une portion de nourriture pour un jour. *Ne mangez point votre cœur* signifie qu'il ne faut pas se laisser abattre par le chagrin & l'ennui. *Ne retournez point sur vos pas, après vous être mis en voyage,* est un avertissement qu'on ne doit point regretter la vie lorsqu'on est près de mourir, ni être touché des plaisirs de ce monde. Ainsi s'expliquent ces symboles, & ceux qui les suivent ; mais auxquels nous ne nous arrêterons pas plus longtems. Pythagore défendoit sur-tout de manger du rouget & de la seche ; défense dans laquelle il comprenoit le cœur des animaux & les fêves. Aristote y ajoute la matrice des animaux & le poisson nommé Mulet. Pour lui, comme le présument quelques-uns, il ne vivoit que de miel, *ou de rayons de miel avec du pain, & ne goutoit d'aucun vin pendant le jour. La plûpart du tems il mangeoit avec son pain des kegumes crûs ou bouillis, & rarement des choses qui venoient de la mer. Il portoit une robe blanche, qu'il avoit toujours soin de tenir propre, & se servoit de couvertures de laine de même couleur, l'usage de la toile n'ayant point encore été introduit dans ces endroits-là. Jamais on ne le surprit en gourmandise, ni en débauche d'amour, ou en yvresse. Il s'abstenoit de rire aux dépens d'autrui, & savoit si bien réprimer la colere, qu'elle n'eut jamais assez de force sur sa raison pour le réduire à frapper personne, esclave ou non.*

Il comparoit l'instruction à la maniere dont les cicognes nourissent leurs petits. Il ne se servoit que de cette partie de la divination qui consiste dans les présages & les augures, n'employant jamais celle qui se fait par le feu, hormis l'encens que l'on brule dans les sacrifices sans victimes. Sa coutume, dit-on, étoit de n'offrir que des coqs & des chevreaux de lait, de ceux qu'on appelle tendres ; mais aucun agneau. Aristoxene rapporte qu'il permettoit de manger toutes sortes d'animaux, excepté le bœuf qui sert au labourage, le belier & la brebis.

Le même Auteur, ainsi que nous l'avons déjà rapporté, dit que Pythagore tenoit ses dogmes de Themistoclée, Prêtresse de Delphes. Jérôme raconte qu'il descendit aux Enfers ; qu'il y vit l'ame d'Hésiode attachée à une colomne d'airain & grinçant les dents ; qu'il y apperçut encore celle d'Homere pendue à un arbre, & environnée de serpens, en punition des choses qu'il avoit attribuées aux Dieux ; qu'il y fut aussi témoin des supplices infligés à ceux qui ne s'acquittent pas envers leurs femmes des devoirs de maris ; & que par tous ces recits Pythagore se rendit fort respectable parmi les Crotoniates. Aristippe de Cyrene observe dans son traité de *Physiologie* que le nom de *Pythagore,* donné à ce Philosophe, fait allusion à ce qu'il passoit pour dire la vérité, ni plus ni moins qu'Apollon Pythien lui-même. On dit qu'il recommandoit à ses disciples de se faires ces questions à chaque fois qu'ils rentroient chez eux : *Par où as-tu passé ? qu'as-tu fait ? quel devoir as tu nègligé de remplir ?* Il défendoit d'offrir aux Dieux des victimes égorgées, & vouloit qu'on ne fit ses adorations que devant des Autels qui ne fessent pas teints du sang des animaux. Il interdisoit les juremens par des Dieux ; juremens d'autant plus inutiles, que chacun pouvoit mériter par sa conduite d'en être cru sur sa parole. Il vouloit qu'on honorât les vieillards, parce que les choses, qui ont l'avantage de la priorité de tems, exigent plus d'estime que les autres, comme dans la nature le lever du soleil est plus estimable que le coucher, dans le cours de la vie son commencement plus que sa fin, dans l'existence la génération plus que la corruption. Il recommendoit de réserver les Dieux avant les Démons[5], les Héros plus que les mortels, & ses parens plus que les autres hommes. Il disoit qu'il faut converser avec ceux-ci de maniere que d'amis il ne deviennent pas ennemis ; mais tout au contraire que d'ennemis on s'en fasse des amis. Il n'approuvoit pas qu'on possedât rien en particulier, exhortoit chacun à contribuer à l'exécution des Loix, & à s'opposer à l'injustice.

Il trouvoit mauvais que l'on gâtât ou détruisit les arbres dans le tems de la maturité de leurs fruits, & que l'on maltraitât les animaux qui ne nuisent point aux hommes. Il inculquoit la pudeur & la piété, & vouloit qu'on tint un milieu entre la joye excessive & la tristesse ; qu'on évitât de trop s'engraisser le corps ; que tantôt on interrompît les voyages, & que tantôt on les reprit ; qu'on cultivât sa mémoire ; qu'on ne dit & ne fît rien dans la colere ; qu'on respectât toutes sortes de divinations ; qu'on s'exerçât à jouer de la lyre ; & qu'on aimàt à chanter les louanges des Dieux & des grands hommes.

Pythagore excluait les fêves des alimens, parce qu'étant spiritueuses, elles tiennent de la nature de ce qui est animé. D'autres prétendent que si on en mange, elles rendent le ventre plus leger, & les représentations, qui s'offrent à l'esprit pendant le sommeil, moins grossieres & plus tranquilles.

Alexandre, dans ses *Successions des Philosophes* dit avoir lû dans les Commentaires des Pythagoriciens ; que l'Unité est le principe de toutes choses ; que de là est venue la Dualité qui est infinie, & qui est sujette à l'Unité comme à sa cause, que de l'Unité & de la Dualité infinie proviennent les nombres, des nombres les points, & des points les lignes ; que des lignes procedent les figures planes, des figures planes les solides, des solide les corps, qui ont quatre élemens, le feu, l'eau, la terre & l'air ; que de l'agitation & des changemens de ces quatre élemens dans toutes les parties de l'Univers résulte le monde, qui est animé, intellectuel & sphérique, ayant pour centre la terre, qui est de même figure & habitée tout autour ; qu'il y a des Antipodes ; qu'eux & nous marchons pieds contre pieds ; que la lumiere & les ténebres, le froid & le chaud, le sec & l'humide sont en égale quantité dans le monde ; que qaund la portion de chaleur prédomine, elle amene l'été, & que lorsque la portion de froidure l'emporte sur celle de la chaleur, elle cause l'hyver ; que si ces portions de froid & de chaud se trouvent dans un même dégré de proportion, elles produisent les meilleures saisons de l'année ; que le printems, où tout verdit, est sain, & que l'automne, où tout desseche, est au contraire à la santé ; que même par rapport au jour, l'aurore ranime par-tout la vigueur, au-lieu que le soir répand sur toutes choses un langueur qui le rend plus mal-sain ; que l'air, qui environne la terre, est immobile, propre à causer des maladies, & à tuer tout ce qu'il renferme dans son volume ; qu'au contraire celui, qui est au-dessus, agité par un mouvement continuel, n'ayant rien que de très pur & de bienfaisant, ne contient que des êtres tout à la fois immortels & divins ; que le soleil, la lune & les autres astres sont autant de Dieux par l'excès de chaleur qu'ils communiquent, & qui est la cause de la vie ; que la lune emprunte sa lumière du soleil ; que les hommes ont de l'affinité avec les Dieux, en ce qu'ils participent à la chaleur ; que pour cette raison la Divinité prend soin de nous ; qu'il y a une destinée pour tout l'Univers en général, pour chacune de ses parties en particulier & qu'elle est le principe du gouvernement du monde ; que les rayons du soleil pénetrent l'éther froid & l'éther épais. Or ils appellent l'air l'éther froid, & donnent le nom d'éther épais à la mer & à l'humide. Ils ajoutent que ces rayons du soleil percent dans les endroits les plus profonds, & que par ce moyen ils vivifient toutes choses ; que tout ce qui participe à la chaleur est doué de vie ; que par conséquent les plantes sont animées, mais qu'elles n'ont pas toutes une ame ; que l'ame est une partie détachée de l'éther froid & chaud, puisqu'elle participe à l'éther froid ; qu'elle différe de la vie en ce qu'elle est immortelle, ce dont elle est détachée, étant de même nature ; que les animaux s'engendrent les uns des autres par le moyen de la semence, mais que celle, qui naît de la terre, n'a point de consistence ; que la semence est une distillation du cerveau, laquelle contient une vapeur chaude ; que lorsqu'elle est portée dans la matrice, les matieres grossieres & le sang, qui viennent du cerveau, forment les chairs, mais que la vapeur, qui accompagne ces matieres, constitue l'ame & les sens ; que le premier assemblage des parties du corps se fait dans l'espace de quarante jours, & qu'après que, suivant des regles de proportion, l'enfant a acquis son parfait accroissement en sept ou neuf, ou au plus tard en dix mois, il vient au monde ; qu'il a en lui-même les principes de vie, qu'il reçoit joints ensemble, & dont chacun se développe dans un tems marqué, selon des regles harmoniques ; que les sens sont en général une vapeur extrêmement chaude, & la vûe en particulier, ce qui fait qu'elle pénétre dans l'air & dans l'eau ; que la chaleur éprouvant une résistance de la part du froid, si la vapeur de l'air étoit froide, elle se perdoit dans un air de même qualité. Il y a des endroits où Pythagore appelle les yeux *les portes do soleil*, & en dit autant sur l'ouïe & sur les autres sens.

Il divise l'ame humaine en trois parties, qui sont l'esprit, la raison & la passion. Ce Philosophe enseigne que l'esprit & la passion appartiennent aussi aux autres animaux ; que la raison ne se trouve que dans l'homme ; que le principe de l'ame s'étend depuis le cœur jusqu'au cerveau, & que le passion est la partie de l'ame qui réside dans le cœur ; que le cerveau est le siége de la raison & de l'esprit, & que les sens paroissent être des écoulemens de ces parties de l'ame ; que celle, qui consiste dans le jugement, est immortelle, à l'exclusion des deux autres ; que le sang sert à nourrir l'ame ; que la parole en est le souffle ; qu'elles sont l'une & l'autre invisibles, parce que l'éther lui-même est imperceptible ; que les veines, les arteres & les nerfs sont les liens de l'ame ; mais que lorsqu'elle vient à se fortifier & qu'elle se referme en elle-même, alors les paroles & les actions deviennent ses liens[6] ; que l'ame, jetté en terre, erre dans l'air avec l'apparence d'un corps ; que Mercure est celui qui préside sur ces êtres, & que de là lui viennent les noms de *Conducteur*, de *Portier*, & de *Terrestre*, parce qu'il tire les ames des corps, de la terre & de la mer, qu'il conduit au Ciel les ames pures, & ne permet pas que les ames impures approchent, ni celles qui sont pures, ni se joignent les unes aux autres ; que les Furies les attachent avec des liens qu'elles ne peuvent rompre ; que l'air entier est rempli d'amess ; qu'on les appelle Démons & Héros ; qu'ils envoyent aux hommes les songes, leur annoncent la santé & la maladie, de même qu'aux quadrupedes & aux autres bêtes ; que c'est à eux que se rapportent les purifications, les expiations, les divinations de toute espece, les présages, & les autres choses de ce genre.

Pythagore disoit qu'en ce qui regarde l'homme rien n'est plus considérable que que la disposition de l'ame au bien, ou au mal, & que ceux, à qui une bonne ame échéoiten partage, sont heureux ; qu'elle n'est jamais en repos, ni toujours dans la même mouvement ; que le juste a l'autorité de jurer, & que c'est par équité que l'on donne à Jupiter l'épithete de *Fureur* ; que la vertu, la santé en général toute sorte de bien, sans en excepter Dieu même, sont en harmonie, au moïen de laquelle toutes choses se soutiennent ; que l'amitié est aussi une égalité harmonique ; qu'il faut honorer les Dieux & les Héros, mais non également ; qu'à l'égard des Dieux, on doit en tout tems célebrer leurs louanges avec chasteté & en habit blanc, au lieu que pour les Héros, il suffit qu'on leur porte honneur après que le soleil a achevé la moitié de la course de la journée ; que la pureté de corps s'acquiert par les expiations, les ablutions & les aspersions en évitant d'assister aux funerailles, en se servant des plaisirs de l'amour, en se préservant de toute souillure, en s'abstenant de manger de la chair d'animaux sujets à la mort & susceptibles de corruption, en prenant garde de ne point se nourrir de mulets & de surmulets, d'oeufs, d'animaux ovipares, de fêves, & d'autres alimens prohibés par les Prêtres qui président aux mysteres qu'on célebre dans les Temples. Aristote, dans son livre des *Fêves*, dit que Pythagore en défendoit l'usage, soit parce qu'elles ont la figure d'une chose honteuse, soit parce qu'étant le seul des legumes qui n'a point de noeuds, elles sont l'emblême de la cruauté & ressemblent à là mort[Z], ou parce qu'elles dessechent, ou qu'elles ont quelque affinité avec toutes les productions de la nature, ou parce qu'enfin on s'en servoit dans le gouvernement Oligarchique pour airer au fort les sujets airer au fort les sujets qu'on avoit à élire. Il ne vouloit point qu'on ramassât ce qui tomboit de la table pendant le repas, afin qu'on s'accoutumât à manger modérément, ou bien en vûe de quelque cérémonie mystérieuse. En effet Aristophane, dans son traité des *Demi-Dieux*, dit que ce qui tombe de la table appartient au Héros. Voici ses termes ; *Ne mangez point ce qu iest tombé de la table.* Pythagore comprenoit dans ses défenses celel de manger d'un coq blanc, par la raison que cet animal est sous la protection de Jupiter, que la couleur blanche est le symbole des bonnes choses, que le coq est consacré à la lune, & qu'il indique les heures[8]. Il en disoit autant de certains poissons, lesquels, consacrés aux Dieux, il ne convenoit pas plus de servir aux hommes, qu'il étoit à propos de présenter les même mêts aux personnes libres & aux esclaves. Il ajoutoit que ce qui est blanc tient de la nature du bon, & le noir du mauvais ; qu'il ne faut pas rompre le pain, parce qu'anciennement les amis s'assembloient pour le manger ensemble, comme cela se pratique encore chez les étrangers, insinuant par-là qu'on ne doit pas dissoudre l'union de l'amitié. D'autres interpretent ce précepte comme rélatif au jugement des Enfers, d'autres comme ayant rapport au courage qu'il faut conserver pour la guerre, d'autres encore comme une marque que le pain est le commencement de toutes choses. Enfin le Philosophe prétendoit que la forme sphérique est la plus velle des corps solides, & que la figure circulaire l'emporte en beauté sur les figures planes ; que la vieillesse, & tout ce qui éprouve quelque diminution, ressortit à une loi commune ; qu'il en est de même de la jeunesse & de tout ce qui prend quelque accroissement ; que la santé est la persévérance de l'espece dans le même état, au-lieu que la maladie en est l'altération. Il recommandoit de présenter du sel dans les repas, afin qu'on pensât à la justice, parce que le sel préserve de corruption, & que par l'effervescence du soleil il est formé des parties les plus pures de l'eau de la mer.

Voilà ce qu'Alexandre dit avoir lû dans les Commentaires des Philosophes Pythagoriciens, & en quoi Aristote est d'accord avec lui.

Timon, qui censure Pythagore dans ses poésies bouffonnes n'a pas épargné sa gravité & sa modestie.

Pythagore, dit-il, ayant renoncé à la Magie, s'est mis à enseigner des opinions pour surprendre les hommes par ses conversations graves & mystérieuses.

Xénophane releve ce qu'assûroit Pythagore qu'il qu'il avoit existé auparavant sous une autre forme, lors que dans une Elegie il commence par ces paroles : *Je vais parler d'autres choses, je vais vous indiquer le chemin.* Voicy comme ne parle Xénophane :

'On rapporte qu'en passant, il vit un jeune chien qu'on battoit avec beaucoup de cruauté. Il en eut compassion, & dit : Arrestez, ne frappez plus. C'est l'ame infortunée d'un de mes amis ; je le reconnois à sa voix.

Cratinus luy lance aussi des traits dans sa piéce intitulée, *La Pythagoricyenne*. Il l'apostrophe en ces termes dans celle qui a pour tire, *Les Tarentins*.

Ils ont coutume, lors que quelqu'un sans étude vient parmi eux, d'essayer la force de son génie, en confondant ses idées par des objections, des conclusions, des propositions composées de membres qui se ressemblent, des erreurs & des discours ampoulez ; tellement qu'ils le jettent dans un si étrange embarras, qu'il n'en peut sortir.

Mnésimaque, dans sa piéce d'Alcméon, s'exprime ainsi.

Nous sacrifions à Apollon, comme sacrifient les Pythagoricyens, sans rien manger d'animé.

Aristophon de son costé plaisante sur le compte du Philosophe dans sa piéce, intitulée *Le Pythagoricien*.

Pythagore racontoit qu'étant descendu aux Enfers, il vit la maniere de vivre des morts & les observe tous ; mais qu'il remarqua une grande disséremce entre les Pythagoriciens & les autres, les premiers ayant seuls l'honneur de manger avec Pluton en considération de leur piété. A. Il faut, selon ce que vous dites, que ce Dieu ne soit pas délicat, puisqu'il se plait dans la compagnie de gens si sales.

Il dit aussi dans la même piéce : *Ils mangent des legumes & boivent de l'eau ; mais je défie que personne puisse supporter la vermine qui les couvre leur manteau sale & leur crasse.*

Pythagore eut une fin tragique. Il étoit chez Mylon avec ses amis ordinaires, quand quelqu'un de ceux, qu'il avoit refusé d'admettre dans cette compagnie, mit le feu à la maison. Il y en a qui accusent les Crotoniates d'avoir commis cette action par la crainte qu'ils avoient de se voir imposer le joug de la Tyrannie. Ceux-là racontent que s'étant sauvé de l'incendie, & étant resté seul, il se trouva près d'un champ planté de fêves, à l'entrée duquel il s'arrêta, en disant : *Il vaut mieux se laisser prendre que fouler aux pieds ces legumes, & j'aime mieux périr que parler.* Ils ajoutent qu'ensuite il fut égorgé par ceux qui le poursuivoient ; que plusieurs de ses amis, au nombre d'environ quarante périrent dans cette occasion ; qu'il y en a eut fort peu qui se ssauverent, entre autres Archytas de Tarente & Lysis, dont nous avons aprlé ci-dessus. Dicéarque dit que Pythagore mourut à Métapont dans le Temple des Muses où il s'étoit réfugié, & où la faim le consuma au bout de quarante jours. Héraclide, dans son abrégé des *Vies* de Satyrus, prétend que Pythagore, ayant enterré Phérecyde dans l'Isle de Delos, revint en Italie, se trouva à un grand festin d'amitié que donnoit Mylon de Crotone, & qu'il s'en fut de là à Metapont, où ennuyé de vivre, il finit ses jours en s'abstenant de nourriture. D'un autre côté Hermippe rapporte que dans une guerre entre les Agrigentins & les Syracusains, Pythagore courut avec ses amis au secours des premiers ; que les Agrigentins furent battus, & que Pythagore lui-même fut tué par les vainqueurs pendant qu'il faisoit le tour d'un champ planté de fêves. Il raconte encore que les autres, au nombre de près de trente-cinq furent brulés à Tarente, parce qu'ils s'oppossoient à ceux qui avoient le gouvernement en main. Une autre particularité dont Hermippe fait mention, est qwue le Philosophe, étant venu en Italie, se fit une petite demeure sous terre ; qu'il recomanda à sa mere d'écrire sur des tablettes tout ce qui se passeroit ; qu'elle eût soin den marquer les époques, & de les lui envoyer lorsqu'il reparoitroit ; que sa mere exécuta la commission ; qu'au bout de quelque tems, Pythagore reparut avec un air défait & décharné ; que s'étant présenté au peuple, il dit qu'il venoit des Enfers ; que pour preuve de vérité, il lut publiquement tout ce qui étoit arrivé pendant son absence ; que les assistans, émus de ses discours, s'abandonnerent aux cris & aux larmes ; que regardant Pythagore comme un homme divin, ils lui amenerent leurs femmes pour être instuites de ses préceptess, & que ces femmes furent celle qu'on appella *Pythagoriciennes*. Tel est le recit d'Hermippe.

Pythagore avoit épousé une nommée *Theano*, fille de Brontin de Crotone. D'autres disent qu'elle étoit femme de Brontin, & qu'elle fut disciple du Philosophe. Il eut aussi une fille, nommée *Damo*, selon Lysis dans son épître à Hipparque, où il parle ainsi de Pythagore : *Plusieurs personnes vous accusent de rendrent publiques les lumieres de la Philosophie, contre les ordre de Pythagore, qui, en confiant ses commentaires à Damo sa fille, lui défendit de les laisser sortir de chez elle. En effet quoiqu'elle pût en avoir beaucoup d'argent, elle ne voulut jamais les vendre, & aima mieux, toute femme qu'elle étoit, préférer à la richesse la pauvreté & les exhortations de son pere.* Pythagore eut encore un fils, nommé *Telauge*, qui lui susséda, & qui, selon le sentiment de quelques-uns, fmmut le Maître d'Empedocle. On cite ces parole que celui-ci adressa à Telauge : *Illustre fils de Theano & de Pythagore.* Ce Telauge n'a rien écrit ; mais on attribue quelques ouvrages à sa mere. C'est elle, qui, étant interrogée quand uen femme devoit être censée pure commerce des hommes, répondit qu'*elle l'étoit toujours avec son mari, & jamais avec d'autres.* elle exhoroit aussi les mariées, qu'on conduisoit à leurs maris, de ne quitter leur modestie qu'avec leurs habits, & de la reprendre toujours en se r'habillant. Quelqu'un lui ayant demandé de quelle modestie elle parloit, elle répondit, *De celle qui est la principale distinction de mon sexe.*

Héraclide, fils de Serapion, dit que Pythagore mourut âgé de quatre-vingts ans, selon le partage qu'il avoit lui-m^peme fait des différens-èâges de la vie ; mais suivant l"opinion la plus gébérale, il parvint à l'âge de quatre-vingt-dix ans. Ces vers, que j'ai composés à son sujet, contiennent des allusions à ses sentimens.

Tu n'es pas le seul, ô Pythagore ! qui t'abstiens de manger des choses animées ; nous faisons la même chose. Car qui de nous se nourrit de pareils alimens ? Lorqu'on mange du rôti, du bouilli, ou du salé, ne mange-t-on pas des choses qui n'ont plus ni vie, ni sentiment ?

En voici d'autres semblables :

Pythagore étoit si grand Philosophe, qu'il ne vouloit point gouter de vainde, sous prétexte que c'eût été un crime. D'où vient donc en régaloit-il ses amis ? Etrange manie ! de regarder comme permis aux autres ce que l'on croit mauvais pour soi-même.

En voici encore d'sutres.

Veut-on connoître l'esprit de Pythagore, que l'on envisage la face empreinte sur le[9]bouclier d'Euphorbe. Il prétend que c'est-là ce qu'il étoit lorsqu'il vivoit autrefois, & qu'il n'étoit point alors ce qu'il est à présent. Traçons ici ses propres paroles : Lorsque j'existois alors, je n'étois point ce que je fuis aujourd'hui.

Ceux-ci font allusion à sa mort.

Hélas ! pourquoi Pythagore honore t-il les fêves au point de mourir avec ses disciples pour l'amour d'elles. Il se trouve près d'un champ panté de ce legumes ; il aime mieux négliger la conservation de sa vie par scrupule de les fouler aux pieds en prenant la fuite, qu'échapper à la main meurtriere des Agrigentions en se rendant coupable d'un crime.

Il fleurissoit vers la LX. Olympiade. L'école, dont il fut le fondateur, dura près de dix-neuf générations, puisque les derniers Pythagoriciens, que connut Aristoxene, furent Xénophile Chalcidien de Thrace, Phanton de Phliafie, Echerates, Diocles, & Polymmeste, aussi Phliasiens. Ces Philosophees étoient disciples de Philolaus & d'Euryte, tous deux natifs de Tarente.

Il y eut quatre Pythagores qui vécurent dans le même tems, & non loin les uns des autres. L'un étoit de Crotone, homme de Phlisie, Maître d'exercices & Baigneur[10], à cequ'on dit ; le troisieme, né a Zacynthe, auquel on attribue des mysteres de cette expression proverbiale, *Le Maître l'a dit.* Quelques-uns ajoutent à ceux-là un Pythagore de Reggio, Statnaire de prosession, & qui passe pour avoir le premier réussi dans les proportions ; un autre de Samos, aussi Statuaire ; un troisieme, Rhéteur, mais peu estimé, un quatrieme, Médecin, qui donna quelque traité sur le Hernie & sur Homere. Enfin Denys parle d'un Pythagore, Ecrivain en langue Dorique. Eratosthene, en cela d'accord avec Phavorin dans son *Histoire Diverse,* dit que dans la XLVIII. Olympiade celui-ci combattit le premier, selon les regles de l'art, dans les combats du ceste ; qu'ayant été chssé & insulté par les jeunes gens à cause qu'il portoit une longue chevelure & une robe de pourpre, il fut si sensible à cet affront, qu'il alla se mesurer avec des hommes & les vainquit. Théætete lui adresse cette Epigramme :

Passant, saches que ce Pythagore de Samos à longue chevelure se rendit fameux dnas les combats du Ceste. Oui, te dit-il, je suis Pythagore, & si tu t'informes à quelque habitant d'Elée quels furent mes exploits, tu en apprendras des choses incroyables.

Phavorin assûre que ce Pythagore se servoit de définitions tirées des Mathématiques, que Socrate & ses sectateurs en firent un plus fréquent usage, lequel Aristote & les Stoïciens suivirent après eux[11]. On le répute encore pour le premier qui donna au ciel le nom de *Monde,* & qui crut que la terre est orbiculaire ; ce que néanmoins Théophraste attribue à Parmenide, & Zénon à Hésiode. On prétend de plus qu'il eut un adversaire dans la personne de Cydon, comme Socrate eut le sien dans celle d'Antidocus[12]. Enfin on a vû courir l'Epigramme suivante à l'occasion de cet Athlete :

Ce Pythagore de Samos, ce fils de Crateus, tout à la enfant & Athlete, vit du berceau à Olimpie se distinguer dans les combats du Ceste. Revenons à Pythagore le Philosophe, dont voici une lettre.

Pythagore à Anaximene.

« Vous, qui êtes le plus estimable des hommes, si vous ne surpassiez Pythagore en noblesse & en gloire, vous eussiez certainement quitté Milet pour nous joindre. Vous en êtes détourné par l'éclat que vous tenez de vos ancêtres, & j'avoue que j'aurois le même éloignement, si j'étois Anaximene ? Je conçois d'ailleurs que si vous quittiez vos villes, vous les priveriez de leurs plus beau lustre, & les exposeriez à l'invasion des Medes[13]. Il n'est pas toujours à propos de contempler les astres, il convient aussi que l'on dirige ses pensées & les soins au bien de sa patrie. Moi-même, je ne m'occupe pas tant de mes raisonnemens, que je ne m'intéresse quelquefois aux guerres qui divisent les Italiotes ».

Après avoir fini ce qui regarde Pythagore, il nous reste à parler de ses plus célebres sectateurs, & de ceux que l'on met communément dans ce nombre ; à quoi nous ajouterons la suite des plus savans hommes jusqu'à Epicure, comme nous nous le sommes proposé dans le plan de cet Ouvrage. Nous avons déjà fait mention de Theanus & de Telauge, à présent nous entrerons en matière par Empedocle, qui, selon quelques-uns fut disviple de Pythagore.

1. ↑ Habitans des pays qu'on appellait *la Grande Grece*.
2. ↑ Ouvrage, ainsi nommé de ce que la sujet, sur lequel il roule, est de prouver que toutes choses sont composées de trois. *Menage*
3. ↑ *Menage* semble expliquer cela de quelque invention de Musique. Il y a aussi un isntrument à une corde, qu'*Etienne* dit avoir été inventé apr les Arabes, mais peut-être cela porte-t-il sur ce qui suit.
4. ↑ Il y a en Grec, Le Chenix.
5. ↑ Autrement, les Demi-Dieux.
6. ↑ Il n'y a point de note sur ce passage.
7. ↑ Allusiob à ce qu'on touchoit les genoux de ceux dont on imploroit la misérircorde, & à ce que la mort est dite inexorable. *Aldobrandin*.
8. ↑ Je suis sur ce passsage une savante note de *Menage*.
9. ↑ Il y a, *regardez le milieu du bouclier d'Euphorbe*. On dit que le milllieu des boucliers étoit relevé en bosse, De sens d'ailleurs donne à connoître qu'on voyoit sur celui-ci les traits d'Euphorbe.
10. ↑ Je prens ce mot que pour l'équivalent de Grec, où il y a proprement, *qui signait les Athletes*.

11. ↑ *Fougerelles* dit que Phavorin s'est trompé en confondant Pythagore l'Athlete avec le Philosophe. Diogene ne distingue pas clairement ces sujets.
12. ↑ Voyez la note de *Menage*.
13. ↑ Voyez dans le livre second une lettre d'Anaximene à Pythagore.

EMPEDOCLE.

E Mpedocle d'Agrigente fut fils de Meton, & petit-fils d'Empedocle. C'est le sentiment d'Hippobote & celui de Timée, qui, dans le quinzieme livre de ses *Histoires,* dépeint Empedocle, ayel du Poête, comme de leur opinion, & Héraclide, dans son traité des *Maladie,* la confirme en assûrant que le grand-pere d'Empedocle descendoit de famille noble, & qu'il entretenoit des chevaux pour son service. Eratosthene, dans ses *Victoires Olympiques* ajoute à toutes ces particularités que le pere de Meton remporta le prix dans la LXXI. Olympiade, en quoi il s'appuye du témoignage d'Arstote. Apollodore *le Grammairien,* dans ses *Chroniques,* est de l'avis de ceux qui font Empedocle fils de Meton. Glaucus rapporte qu'il se rendit chez les Thuriens lorsque cette Colonie ne venoit que d'être fondée. Ce même Auteur ramarque plus bas que ceux, qui racontent qu'il s'enfuit de sa patrie, & que s'étant réfugié chez les Syracusains, Il porta avec eux les armes contre le peuple d'Athenes, ne prennant pas garde aux époques : « car, dit-il, ou il devoit être mort en ce tems là, ou fort avancé en âge ; ce qui n'est nullement Page:Diogène Laërce - Vies - tome 2.djvu/267 vraisemblable, puisqu'Aristote observe qu'Héraclite & Empedocle moururent à l'âge de soixante ans. Mais, continu Glaucus, ce qui eût avoir donné lieu à l'erreur, c'est que celui, qui dans la LXXI. Olympiade remporta le prix à la course du cheval, portoit le même nom, comme il conste par cette époque, que rapporte Apollodore ». Satyrus dans ses *Vies*, dit qu'Empedocle étoit fils d'Exænete ; qu'il eut un fils appellé de ce nom ; que dans la même Olympiade le pere fut vainqueur à la course du cheval, & le fils à la lutte, ou à la course ; selon le témoignage d'Héraclide dans son *Abrégé*. J'ai lû dans les *Commentaires* de Phavorin qu'à cette occasion Empedocle sacrifia pour les spectateurs la figure d'un bœuf, qu'il avoit pêtrie de miel & de farine. Ce même Auteur lui donne un frere, qu'il nomme *Callécratide*.

Telauge, fils de Pythagore, assûre, dans une lettre à Philolaus qu'Empedocle étoit issû d'Archinomus. Au reste, on fait de lui-même qu'il nâquit à Agrigente en Sicile. Voici ce qu'il dit de sa patrie dans l'exorde de ses vers sur les purifications.

Chers Amis, qui habitez la fameuse Cité, située près du fleuve Acragas, cette ville si considérable.

C'en est assez sur son origine. Timée raconte dans son neuvieme livre qu'il fut disciple de Pythagore ; mais qu'ayant été surpris, comme Platon, dans un larcin de papiers, il ne fut plus admis aux conversations de ce Philosophe. C'est de lui qu'Empedocle parle dans ces vers.

Entre ceux-là étoit un homme qui connoissoit les choses les plus sublimes, & qui possedoit plus que personne les richesses de l'ame.

D'autres prétendent qu'en s'énoncant ainsi, Empedocle avoit égard à Parmenide. Néanthe rapporte que les Pythagoriciens avoient coutume de converser ensemble jusqu'au tems de Philolaus & d'Empedocle ; mais que depuis que celui-ci eut divulgué leurs sentimens par ses vers, on fit une loi qu'aucun Poëte ne seroit admis dans leurs entretiens. On raconte la même chose de Platon, qui pour un pareil cat fut exclu du commerce des Pythagoriciens. Cependant Empedocle ne désigne pas lequel de ces Philosophes fut celui dont il étudia les préceptes épître de Talauge, où il est dit qu'il s'attache à Hippase & à Brontin. Selon Théophaste, il fut l'émule de Parmenide, lequel il se proposa pour modele dans ses poésies. En effet il parle dans ses vers de la doctrine de la nature, mais Hermippe soutient que ce fut Xénophane, & non Parmenide, qu'Empedocle voulut égaler ; qu'ayant été long-tems en liaison avec le premier, il en imita le génie poétique, & qu'ensuite il fréquenta les Pythagoriciens. Alcidamas, dans sa *Physique*, rapporte que Zénon & Empédocle prirent dans le même tems les insstructions de Parmenide, mais qu'après s'être séparés, Zénon continua ses études de Philosophie en particulier, & qu'Empedocle se mit sous la discipline d'Anaxagore & de Pythagore, ayant imité l'un dans ses recherches sur la nature, & l'autre dans la gravité de ses mœurs & de son extérieur.

Aristote, dans son ouvrage intitulé *Le Sophiste*, attribue à Empedocle l'invention de la Rhétorique, & donne celle de la Dialectique à Zénon. Dans son livre des *Poëtes* il dit qu'Empedocle ressembloit beaucoup à Homere, qu'il avoit l'élocution forte, & qu'il étoit riche en métaphores & en d'autres figures poétiques. Il composa entre autres un poëme sur la descente de Xerxès en Grece & un Hymne à Apollon ; piéces que sa sœur ou sa fille, assûre Jerôme, mit au feu, l'Hymne sanss y penser, mais les *Persiques* à dessein, sous prétexte que c'étoit un ouvrage imparfait. Le même auteur veut qu'Empedocle ait aussi écrit des tragedies & des ouvrages de politique ; mais Héraclide, fils de Sérapion, prétend que les tragédies, qu'on lui suppose, sont d'un autre. Jerôme atteste qu'il lui en est tombé quarante-trois entre les mains, & Neanthe certifie avoir lû des tragedies faites par Empedocle dans le tems de sa jeunesse.

Satyrus, dans ses *Vies*, le qualifie Médecin & excellent Orateur. La preuve qu'il en allegue, est qu'il eut pour disciple Gorgias de Léonte, fameux en ce genre de science, & qui a laissé des regles sur l'Art de bien dire. Apollodore, dans es *Chroniques*, remarque que Gorgias cévut jusqu'à l'âge de cent neuf ans, & Satyrus raconte qu'il disoit avoir connu Empedocle, exerçant la Magie. Lui-même en convient dans ses poésies lorsqu'entre autres choses il dit :

Vous connoitrez les remedes qu'il y a pour maux & pour soulages la vieillesse ; vous serez le seul à qui je donnerai ces lumieres. vous répromerez la fureur des vetns infatigables qui s'élevent ssur la terre, & dont l'haleine desséche les champs labourés ; ou bien, si vous voulez, vous pourrez exciter les ouragans, vous ferez tomber dans les sasons les plsu arides ces torrens d'eau qui séracinent les arbres & gâtent les moissons, vous pourrez même évoquer les morts.

Timée, dans le dix-huitieme livre de ses *Histoires*, dit aussi qu'Empedocle se fit admirer à plusieurs égards ; qu'un jour sut-tout les vents périodiques, qu'on nomme *Etsiens*, s'étant élevés avec tant de violence qu'ils gâtoient tous les frutis, il ordonna qu'on écorchât des ânes ; que de leur peau on fît des outres, qu'ensuite on les plaçât au haut des collines & sur les sommets des montagnes pour rompre le vent, lequel cessa en effet ; ce qui le fit surnommer *Maître des vents.*

Heraclide, dans son livre des *Maladies*, assûre qu'Empedocle dicta àa Pausanias ce qu'il a écrit touchant une femme que l'on réputoit pour morte. Selon Aristippe & Satyrus, il avoit pour Pausanias une amitié si particuliere, qu'il lui dédia son ouvrage sur la Nature, en employant ces termes : *Ecoutes-moi, Pausanias, fils du sage Anchite.* Il lui fit encore l'Epigramme suivante :

Cela est la patrie du célebre disciple d'Esculape de Pausanias, surnommé fils d'Anchite, de celui qui a sauvé du pouvoir de Prosererpine plusieurs malades, attaqués de langueurs mortelles.

Héraclide définit cet empêchement de la respiration un état, dans lequel le corps peut se consercer trente jours sans respiration & sans battement de pouc. De là vient qu'il appelle Empedocle *Médecin & Devin* ; ce qu'il infere encore de ces vers :

Je vous salue, chers Amis, qui habitez la fameuse & grande Cité près des rives dorées du fleuve Acragas ; vous ne vous attachez qu'à des choses utiles, & je vous parois un Dieu, plutôt[1]*qu'un "mortel, lorsque je viens, honoré convenablement de tout le monde, me rendre auprès de vous. Quand, orné de couronnes ou de guirlandes, j'approche de ces florissantes villes, les hommes & les femmes viennent en foule me rendre leurs hommages. Je suis accompagné de ce grand nombre de gens qu'attire la recherche du gain, de ceux qui s'appliquent à la Divination, de ceux enfin qui souhaitent d'acquerir la science de connoître les maladies & de procurer la santé.*

Empedocle appelloit Agrigente une ville considérable, parce que, dit Potamilla, elle contenoit huit cens[2] mille habitans. De là ce mot d'Empedocle sur la mollesse de cette ville : *Les Agrigentins jouissent des plaisirs avec autant d'ardeur que s'ils devoient mourir demain, & bâtissent des maisons comme s'ils avoient toujours à vivre.* Cléomene, chantre des vers heroïques, recita à Olympie ceux qu'Empedocle fit pour l'usage des expiations, comme le rapporte Phavorin dans ses *Commentaires*. Aristote dit qu'Empedocle avoit de généreux sentimens, & qu'il étoit si éloigné de tout esprit de domination, qu'au rapport de Xanthus qui vanta ses qualités, la Royauté lui ayant été offerte, il la refusa parprédilection pour une condition médiocre. Timée ajoute à ce trait le recit d'une occasion où il fit voir qu'il avoit le cœur populaire. Il fut invité à un repas par un des principaux de la ville, & comme on se mit à boire avant que de servir sur table, Empedocle, témoin du silence des autres conviés, s'impatienta & ordonna qu'on apportât dequoi manger. Le maître du logis s'excusa sur ce qu'il attendoit un Officier du Conseil. Il arriva enfin, & ayant été établi Toi de la fâte par les soins de celui qui donnoit le régal, il fut entrevoir assez clairement des dispositions à la tyrannie, en voulant que les conviés bûssent, ou qu'on leur répandit le vin sur la tête. Empedocle se tut ; mais le lendemain il convoqua le Conseil, fit condamner à mort cet Officier & celui quoi avoit fait les frais du repas. Tel fut le commencement de la part qu'il prit aux affaires publiques. Une autre fois le Médecin Acron prioit le Conseil de lui assigner une place où il pût élever un monument à son pere, comme ayant surpassé tous les Médecins en savoir. Empedocle empêcha qu'on ne lui octrotât sa demande, tant par des raisons prises de l'égalité, que par le discours qu'il lui tins : *Quelle inscription voulez-vous*, lui demanda-t-il, *qu'on mette sur le monument ? sera-ce cette Epitaphe :*

Le grand Médecin Acron d'agrigente, fils d'un pere célebre, repose ici sous le précipice de sa glorieuse patrie[3]. D'autres traduisent ainsi le second vers, *Ce grand tombeau contient une grance tête.* Il ya des Auteurs qui attribuent cela à Simonide.

Enfin Empedocle abolit le Conseil des Mille, & lui substitua une Magistrature de trois ans, dans laquelle il admettoit non seulement les riches, mais aussi des personnes qui soutinssent les droits du peuple. Timée, qui parle souvent de lui, dit pourtant qu'il ne paroissoit pas avoir un systême utile au bien de sa patrie, parce qu'il témoignoit beaucoup de présomption & d'amour propre, témoin ce qu'il dit dans ces vers :

Je vous salue : ma personne vous paroît celle d'un Dieu, plutôt que d'un mortel, quand je viens vers vous, & le reste.

On raconte que lorsqu'il assista aux Jeux Olympiques, il attira sur lui l'attention de tout le monde ; de sorte que dans les conversations on ne s'entretenoit de personne autant que d'Empedocle. Néanmoins dans le tems qu'on rétablit la ville d'Agrigente, les parens de ses ennemis s'opposerent à son retour ; ce qui l'engagea à à se retirer dans la Péloponnese, où il finit sa vie. Timon ne l'a pas épargné, au contraire il l'minvective dans ces vers : *Empedocle, hérissé de termes du Barreau, & en ceci supérieur aux autres, créa des Magistrats qui avoient besoin qu'on leur donnât des seconds.*

Il y a différentes opinions sur le sujet de sa mort. Héraclide, qui détaille l'histoire de la femme censée n'être plus en vkie, dit qu'Empedocle, l'ayant ranimée & mérité beaucoup de gloire par ce prodige, fit un sacrifice dans le cahmp de Pysianacte, auquel il invitaa ses amis, du nombre desquels fut Pausanias ; qu'après le repas, quelques-uns se retirerent pour se reposer, quelques autres se mirent sous les arbres d'un champ voisin, d'autres s'en allerent où ils voulurent ; qu'Empedocle se tint dans la place qu'il avoit occupée pendant le repas ; que le lendemain chacun s'étant levé, il n'y eut qu'Empedocle qui ne parut point ; qu'on le chercha & questionna les Domesriques pour savoir ce qu'il étoit devenu ; qu'un d'entre eux déclara qu'à minuit il avoit entendu une voix forte, qui appelloit Empedocle par son nom ; que là-dessus il s'étoit levé, mais qu'il n'avoit apperçu rien d'autre qu'une lumiere céleste & la lueur de flambeaux ; que ce discours causa une surprise extrême ; que Pausanias descendit de la chambre & envoya des gens à la découverte d'Empedocle ; qu'enfin il cessa de se donner des peines inutiles, en disant qu'Empedocle avoit reçu un bonheur digne de la dévotion qu'il avoit fait paroître, & qu'il falloit lui immoler des victimes comem à un homme élevé au rang des Dieux. Hermippe contredit Héraclide en ce que le sacrifice fut offert à l'occasion d'une femme d'agrigente nommée *Panthée*, qu'Empedocle avoit guérie, quoiqu'abandonnée des Médecins : à quoi il ajoute que le nombre de ceux, qu'il avoit invités, se montoit à près de quatre-vingt personnes. Hippobote raconte qu'à son reveil Empedocle prit le chemin du mont Ethna, qu'il se précipita dans les ouvertures de cette montagne, & disparut ainsi dans les dessein de confirmer par-là le bruit de son apothéose ; mais que la chose se découvrit par un sandale, travaillé avec de l'airain, que le volcan rejetta en vomissant des flammes, & que l'on reconnut être un des siens, tels qu'il avoit coutume d'en porter. Néanmoins ce fait fut toujours démenti par Pausanias.

Diodore d'Ephese, en parlant d'anaximandre, dit qu'Empedocle le prenoit pour modele, qu'il l'imitoit dans ses expressions ampoulées & affectoit la gravité de son habillement. On ajoute à cela que les habitans de Selinunte, étant affligés de la peste, causée par l'infection d'une riviere voisine qui exhaloit de si mauvaises odeurs, qu'elles produisoient des maladies & saisoient avorter les femmes, Empedocle imagina de conduire à ses dépens deux autres rivieres dans celle-là pour en adoucir les eaux par ce mélange ; qu'effectivement il fit cesser le fleau ; qu'ensuite il se présenta aux Selinuntiens pendant qu'ils assistoient à un festin auprès de ce fleuve ; qu'à son aspect ils se leverent & lui rendirent les honneurs divins ; que ce fut pour les confirmer dans les opinion qu'il étoit un Dieu, qu'il prit la résolution de se jetter dans le feu. Mais ce recit est contesté par Timée, qui dit formellement qu'il se retira dans la Peloponnese, d'où il ne revint jamais ; de sorte qu'on ne sait de quelle maniere il finit ses jours. Dans son quatrieme libre il prend à tâche de décréditer le recit d'Heraclide, en disant que Pysianacte étoit de Syracuse, qu'il n'avoit point de champ à Agrigente, & qu'au reste ce bruit s'étant répandu touchant empedocle, Pausanias, qui étoit riche, érigea à sa mémoire un monument, soit statue ou chapelle. « Et comment poursuit0il, Empedocle se seroit-il jetté dans les ouvertures du mont Ethna, lui qui n'en fit jamais mention, quoiqu'il ne demeurât pas loin de là. Il mourut donc dans le Peloponnese, & on ne doit pas être surpris si on ne rencontre pas son sépulchre puisqu'on ignore la sépulture de plusieurs autres ». Timée conclut, en reprochant à Héraclide là coutume d'avancer des paradoxes, jusqu'à parler d'un Homme dit qu'Empedocle eut d'abord à Agrigente une statue couverte, dressée à son honneur ; mais qu'ensuite elle fut placée découverte vis-à-vis le Sénat des Romains, qui la transporterent dans cet endroit. Il est aussi représenté dans quelques tableaux, qui existent encore. Néanthe de Cyzique, qui a écrit sur les Pythagoriciens, rapporte qu'après la mort de Meton, la Tyrannie commença à s'établir, & qu'Empedocle persuada aux Agrigentins de calmer leurs séditions & de conserver l'égalité dans leur gouvernement. Comme il possedoit de gros biens, il dôta plusieurs filles qui n'en avoient pas, & Phavorin dnas le premier livre de ses *Commentaires,* dit qu'il étoit dans une si grande opulence, qu'il portoit la pourpre, un ornemens d'or autour de la tête, des sandales d'airain, & une couronne Delphienne. Il avoit la chevelure longue, l'air imposant, se faisoit suivre par des Domestiques, & ne changeoit jamais de maniere & d'arrangement. C'est ainsi qu'il paroissoit en public, & l'on emarquoit dans son maintien un sorte d'apparence royale qui le rendoit respectable. Enfin un jour qu'il se transportoit en chariot à Messine pour y assister à une fête solemnelle, il tomba & se cassa la cuisse ; accident dont il mourut à l'âge de soixante-&-dix-sept ans. Il a son tombeau à Megare. Aristote est d'un autre avis touchant son âge. Il ne lui donne que soixante ans de vie ; d'autres cent & neuf. Il fleurissoit vers la LXXXIV. Olympiade. Demetrius de Trœzene, dans son livre contre les *Sophistes,* nous apprend en se servant des expressions d'Homere, *qu'ayant pris un licou, il se pendit à un cornouiller fort haut, afin que son ame descendît de là aux Enfers.* Mais dans la lettre de Telauge, dont nous avons parlé, il est dit qu'il tomba dans la mer par un effet de vieillesse, & qu'il s'y noya ; telles sont les opinions qu'on a sur sa mort. Voici des vers satyriques qui se trouvent sur son sujet dans notre Recueil de vers de toutes sortes de mesures.

Empedocle, tu as purifié ton corps par le mmoyen des flammes dévorantes qui s'élancent continuellement à travers des ouvertures de l'Ethna. Je ne dirai pas que tu t'y es plongé de propos déléberé. Qu'on ignorât ton sort, c'étoit-là ton dessein ; mais qu'il t'en coutât la vie, n'étoit pas ta volonté.

En voici encore d'autres :

Empedocle, dit-on, mourut d'une chûte de chariot, qui lui cassa la cuisse droite. S'il fut assez mal-avisé pour s'être jetté dans les ouvertures du mont Ethna, comment se peut-il que ses os reposent dans son sépulchre à Megare ?

Au reste Empedocle croyoit qu'il y a quatre élemens, le feu, l'eau la terre & l'air, accompagnés d'un accord qui les unit, & d'une antipathie qui les sépare. Il les nomme, *le prompt Jupiter, Junon qui donne la vie, Pluton, & Nestis qui remplit de larmes les yeux des humains.* Jupiter est le feu, Junon la terre, Pluton l'air, & Nestis l'eau. Il ajoute que ces élemens, sujets à de continuels changemens, ne périssent jamais, & que cet ordre de l'Univers est éternel, Il conclut enfin que tantôt une correspondance unit ces parties, & que tantôt une contrariété les fait agir séparément. Il estimoit que le soleil est un amis de feu, & un astre plus grand que la lune ; que celle-ci ressemble à un disque pour la figure ; que le ciel est semblable à du cristal, & que l'ame revêt toutes sortes de formes de plantes & d'animaux. Il assûroit qu'il se souvenoit d'avoir été autrefois jeune garçon & jeune fille, palnte, poisson & oiseau.

On a en cinq cens vers ce qu'il a composé sur la Nature & sur les Expiations, & en six cens ce qu'il a écrit de la Médecine. Nous avons parlé plus haut de ses tragédies.

1. ↑ La version Latine, *Fougerelles & Boileau* font dire à Empedocle qu'il est un Dieu, mais outre que le Grec ne dit pas absolument cela, je ne pense pas que jamais personne se soit sérieusement dit immortel. *Menage* explique cela des progrès d'Empedocle dans la sagesse.
2. ↑ *Menage* corrige d'après Bochart & Diodore : *deux cens mille.*
3. ↑ Il y a ici un jeu de mots, qui perd son sel dans la traduction ; il consiste en ce que le mot de *grand* est repeté plusieurs fois.

EPICHARME.

EPicharme, natif de Co & fils D'Elothale, étudia sous Pythagore. Il n'avoit que trois mois lorsqu'on le porta à Megare de Dicile, & de là à-Syracuse, comme il le dit lui-même dans ses œuvres. Voici l'inscription qui se trouve au bas de sa statue :

Autant le soleil surpasse en éclat les autres astres, & autant la force des fleuves ; autant Epicharme, couronné par Syracuse sa patrie, excelle en sagesse par-dessus les autres hommes.

Il a laissé des Commentaires, qui contiennent des sentences, & dans lesquels il traite de la Nature & de la Médecine. A la plûpart de ces Commentaires sont joints des vers acrostiches, qui prouvent indubitablement qu'il en est l'Auteur.

Il mourut agé de quatre-vingt-dix ans.

ARCHYTAS.

A Rchytas de Tarente, issû de Mnesagoe, ou d'Hestiée selon Aristoxene, embrassa la secte de Pythagore.

Ce fut lui qui, par une lettre qu'il écrivit à Denys, sauva la vie à Platon, dont le Tyran avoit résolu la mort. Il réunissoit en sa personne tant de vertus, qu'admiré des uns & des autres pour son mérite, on lui confias jusqu'à sept fois la Régence, malgré la Loi qui défendoit qu'on l'exerçat plus d'un an.

Platon lui écrivit deux fois en réponse à une lettre qu'il avoit reçue, & qui étoit conçue en ces termes.

Archytas à Platon, santé.

« Je vous félicite de votre rétablissement, suivant ce que vous m'en dites, & comme je l'ai appris de Damiscus. Quant aux écrits dont vous m'avez, j'en ai eu soin, & me suis rendu en Lucante auprès des parens d'Ocellus. Les Commentaires sur la Loi, la Royauté, la Pieté & la Génération de toutes choses sont entre mes mains. Je vous en ai même fait tenir une partie ; mais jusqu'ici on n'a emcore pû recouvrer les autres. S'ils se retrouvent soiez persuadé que je ne manquerai pas de vous les envoyer ».

tel étoit le contenu de la lettre d'Archytas ; tel celui de la réponse suivante de Platon.

Platon à Archytas, sagesse.

« Je ne saurois assez vous exprimer la satisfaction avec laquelle j'ai reçu les écrits que vosu m'avez envoyés. Je fais de l'Auteur un cas infini, je l'admire en ce qu'il se montre digne de ses ancêtres du vieux tems, & si estimables pour leurs bonne qualités. On les dit originaires de Myra & du nombre de ces Troyenss que Laomedon amena avec lui ; tous gens pleins de vertus, selon le témoignage qu'en rend l'histoire. Les Commentaires, dont vous me parlez & que vous souhaitez, ne sont pas encore en assez bon état ; n'importe, je vous les envoye tels qu'ils se trouvent. Nous pensons de même l'un & l'autre sur le soin avec lequel ils méritent d'être conservés ; aussi n'ai-je rien à vous recommander là-dessus. Je finis, portez vous bien ».

Voilà en quels termes ils s'écrivoient de part & d'autre.

Il y a eu quatre Archytas. Le premier est celui dont nous parlons ; le second étoit de Mitylène

et musicien de profession ; le troisième a écrit de l'agriculture ; le quatrième a composé des épigrammes. Quelques auteurs en comptent un cinquième, qu'ils disent avoir été architecte-, & dont on a un ouvrage sur la mécanique, qui commence par ces mots : J'ai appris ceci de Teucer de Carthage. On rapporte aussi du musicien Archytas que quelqu'un lui disant qu'on ne l'écoutait pas lorsqu'il discourait, il répondit que son instrument de musique parlait pour lui. Aristoxène raconte d'Archytas le pythagoricien que, pendant qu'il fut général, il ne perdit jamais de combat ; mais qu'ayant été démis de cet emploi par envie, l'armée succomba, & tomba au pouvoir des ennemis.

Celui-ci est le premier qui ait traité des mécaniques par des principes qui leur sont propres, & qui ait communiqué un mouvement organique à une figure faite géométriquement, en cherchant, par le moyen de la section d'un demi-cylindre, deux lignes proportionnelles, pour trouver la duplication du cube. Platon, dans sa République, atteste qu'on lui est aussi redevable de la découverte de la duplication du cube par la géométrie.

ALCMÉON.

Alcméon de Crotone, autre Disciple de Pythagore, a principalement traité de la Médecine, quoiqu'il ait aussi parlé de la nature, comme quand il dit que la plûpart des choses humaines sont doubles[1]. Phavorin, dans son *Histoire Diverse*, présume qu'il fut le premier qui enfanta un système de Physique, & qui crut que la lune conserve éternellement la même nature. Il étoit fils de Pirithus, suivant son propre aveu dans l'exorde d'un ouvrage, en ces termes : *Alcméon Crotoniate, fils de Pirithus, à Brontin, Leonte & Bathyllus touchant les Etres invisibles. Les dieux ont une parfaite connoissance de ce qui regarde les choses mortelles ; mais les hommes n'en peuvent juger que par conjecture,* & le reste. Il disoit aussi que l'âme est immortelle, & qu'elle se meut continuellement, comme le soleil.

> 1. ↑ Cela désigne les contraires, comme *blanc & noir, doux & amer*, &c. Ménage.

HIPPASUS.

HIPPASUS de Metapont étoit Pythagoricien. Il croyoit que le monde est sujet à des vicissitudes dont le tems est déterminé, que l'Univers est fini, & qu'il se meut continuellement.

Demetrius, dans son Traité des *Auteurs de même nom*, veut qu'il n'ait laissé aucun ouvrage. Il y a eu deux Hippasus ; celui-ci, & un autre qui a traité en cinq livres de la République de Lacédemone, sa patrie.

PHILOLAUS.

PHILOLAUS de Crotone fut un autre Philosophe des la secte de Pythagore. Ses ouvrages sur la Philosophie Pythagoricienne sont ceux que Platon pria Dion de lui acheter. Ce Philosophe mourut, soupçonné d'aspirer à la Tyrannie. Voici une de mes Epigrammes à son occasion.

Les soupçons eurent toujours de mauvaises suites. Ne fissiez-vous aucun mal, on vous tiendra pour coupable, si vous paroissez en faire. Ainsi périt autrefois Pilolaus par un soupçon qu'il vouloit imposer un rude jug à Croteje sa patrie.

Il étoit dans l'opinion que tout se fait par le moyen de la nécessité & de l'harmonie. Il enseigna le premier que la terre se meut circulairement ; doctrine que d'autres attribuent à Icetas de Syracuse. Il composa un livre, que Platon, dit Hermippe d'après quelque Ecrivain, lorsqu'il vint trouver Denys en Sicile, acheta des parens de Philolaus pour la somme de quarante mines d'Alexandrie, & qu'il tira de ce livre les matériaux dont il se servit pour bâtir son *Timée*.

D'autres prétendent que Platon reçut ce livre de Denys, qu'il engagea à accorder la grace à un jeune homme, Disciple de Philolaus, lequel il avoit condamné à mort. Demetrius, dans ses *Auteurs de même nom,* assûre qu'il fut le premier qui publia les dogmes des Pythagoriciens sur la Nature, & qui commencent par cette opinion : que *la Nature, le Monde & tout ce qu'il contient renferment une harmonie des choses finies avec les choses infinies.*

EUDOXE.

EUDOXE, fils d'Æschine, nâquit à Gnide, & devint tout à la fois Astrologue, Géomêtre, Médecin & Législateur. Il apprkit d'Archytas la Géometrie, & étudia la Médecine sous Philistion de Sicile, dit Callomaque dans ses *Tables*. Sotion, dans ses *Sucessions*, nous informe qu'il eut Platon pour Maître. Dans sa vingt-troisieme année Eudoxe, pauvre & nécessiteux, mais aussi empressé de s'instruire que touché de la réputation des disciples de Socrate, s'en fut à Athenes avec le Médecin Théomedon, qui le nourrissoit, & qui, selon quelques-uns, avoit pour lui une tendresse toute particuliere. Etant arrivé au Pyrée, il alloit réguliérement tous les jours à Athenes, d'où, après avoir entendu les Orateurs, il revenoit au logis. Son séjour dans ce lieu dura deux mois, au bout desquels il s'en retourna chez lui. Ses amis ayant contribué à lui amasser quelque argent, il partit pour l'Égypte, accompagné du Médecin Chrysippe, & muni d'une lettre de recommandation qu'Agésilas lui donne pour Néctanabe, qui parla en sa faveur aux Prêtres d'Égypte. Il s'arrêta dans ce pays pendant un an & quatre mois, se faisant raser la barbe & les sourcils. Si on en croit quelques-uns, il s'y occupa à composer un ouvrage de Mathématique, qu'il intitula *Octaëtre*. Il se rendit ensuite à Cyzique & dans la Ptopontide, où il exerça la Philosophie. Enfin, après avoir vû Mausole, il reprit la route d'Athenes, & y aprut avec un grand nombre de disciples, dans le dessein, à ce qu'on croit, de mortifier Platon qui n'avoit pas d'abord voulu le recevoir. Il y en a qui disent qu'étant avec plusieurs autres à un repas que donnoit celui-ci, il introduisit l'usage de se placer à table en demi-cercle. Nicomaque, fils d'Aristote, lui attribue d'avoir dit que la volupté est un bien.

Eudoxe fkut extraordinairement estimé dans sa patrie, témoin le décret qu'on y fit à son honneur. La Grece n'eut pas moins de respect pour lui, tant à cause des Loix qu'il donna à ses concitoyens, comme le rapporte Hermippe dans son quatrieme livre des *Sept Sages*, que par rapport à ses excellens ouvrages sur l'Astrologie, la Géometrie & d'autres Sciences.</p. Ce Philosophe ekut trois filles, nommées *Actis, Philtis & Delphis*. Eratosthene, dans ses livres adressés à Baton[1], dit qi'il écrivit aussi des Dialogues Cyniques. D'autres au contraire prétendent qu'ils furent l'ouvrage d'Auteurs Egyptiens, qui les composerent en leur langue, & qu'Eudoxe les traduisit en Grec. Il prit de Chrysippe de Gnide, fisl d'Erinée, les notions des choses qui regardent les Dieux, Le Monde & les Météores. Quant à la Médecine, il fut dressé à cette science par Philistion de Sicile. Au reste il a laissé de fort beaux Commentaires.

Outre ses trois files, Eudoxe eut un fils, appellé *Aristagore*, qui éleva Chrysippe, fils d'Æthlius. Ce

Chrysippe est Auteur d'un Traité de Médecine sur les maladies des yeux, auquel il travailla par occasion, en faisant des recherches Physiques.

Il y a eu trois Eudoxes ; celui-ci ; un autre, Rhodien de naissance & Historion ; un troisieme de Sicile, fils d'Agathocle, Poëte Comique, trois fois vainqueur dans les fêtes de Bacchus qui se célebroient en ville, & cinq fois dans celles de la campagne, selon Apollodore dans ses *Chroniques.* Nous trouvons encore un Médecin de même nom, natif de Gnide, & de qui notre Eudoxe, dans son livre de la *Circonférence de la Terre,* dit qu'il avoit pour maxime d'avertir qu'il falloit tenir son corps & ses sens dans un mouvement continuel par toutes sortes d'exercices.

Le même rapporte que cet Eudoxe de Gnide étoti en vogue vers la CIII. Olympiade, & qu'il découvrit les regles des lignes courbes. Il mourut dans la cinquante-troisieme année de son âge. Pendant qu'il étoit en Égypte auprès d'Isonuphis Héliopolitain, il arriva que le bœuf *Apis* lui lêcha l'habit, d'où les Prêtres coaciurent qu'il seroit fort célebre, mais qu'il ne vivroit pas longtems. Ce recit de Phavorin, dnas ses *Commentaires,* nous a donné matiere à cés cers sur son sujet.

On dit qu'Eudoxe, étant à Memphis, s'informe de son sort en s'adressant au bœuf célebre de ces lieux. L'animal ne répondit rien. Eh qu'auroit pû dire un bœuf ? Apis manque de vois, la nature ne lui en pas donné l'usage ; mais se tenant de côté, il lécha l'habit d,Euxode. Qu'annonçoit-il par-là ? qu'Euxode ne vivroit pas longtems. En effet il mourut bientôt, n'ayant vécu que cinquante-trois ans.

La grande réputation, qu'il avoit dans le monde, fit que par le changement de la seconde lettre d son nom, on l'appella d'un autre, qui signifioit *Homme Célebre*.

Mais après avoit fait mention des Philosophes Pythagoriciens les plus distngués, venons-en à divers autres qu ise sont rendus illustres, & commençons par Héraclite.

Fin de la I. Partie du
TOME SECOND.

1. ↑ D'autres traduisent *Hecaton*. Voyez *Menage*.

Livre IX - Isolés et Sceptiques

- Héraclite
- Xénophane
- Parménide
- Melisse
- Zénon
- Leucippe

Livre X. Épicure

Épicure fut fils de Néocles et de Cherestrate. La ville d'Athenes fut sa patrie, et le bourg de Gargette le lieu de sa naissance. Les Philaïdes, ainsi que dit Métrodore dans le livre qu'il a fait de la Noblesse, furent ses ancêtres.

Il y a des Auteurs, entre lesquels est Héraclide, selon qu'il en écrit dans l'Abrégé de Sotion, qui rapportent que les Athéniens ayant envoyé une colonie à Samos, il y fut élevé, et qu'ayant atteint l'âge de dix ans, il vint à Athènes dans le temps que Xénocrate enseignait la Philosophie dans l'Académie, et Aristote dans la Chalcide ; mais qu'après la mort d'Alexandre le Grand, cet-